企業担当者実践マニュアル

交通事故リスク対応型管理

東京海上日動リスクコンサルティング(株) 北村 憲康 著

社有車管理
「運転操作の先行」
新人社員・シニア社員教育
「安全確認の省略」
頻出事故分析
ドライブレコーダ活用

中央労働災害防止協会

はじめに

　企業における交通事故防止活動は、ともすると取り組みが一過性に終わりやすく、内容についてもスローガンを掲げることだけが先行して、具体性に欠けたものになりやすい。大事なことは取り組みを継続させることであり、その内容は、各ドライバーに対して、常に具体的な安全行動につながるものでなければならない。

　この「取り組みを継続させること」、「内容を具体化させること」に共通して必要なことは、企業トップの「事故を起こさせない」という強い理念のもと、管理者、ドライバーを含めた安全対策を行う上での体制・仕組みを構築すること、そして、自社の事故・リスク実態を踏まえ、ポイントをとらえた教育や指導を行うなど具体的に対策を進めることである。

　本書は、リスク実態、仕組みの構築の双方に役立つ内容とするために、以下のような五つの特徴を持たせている。

(1) 企業で起きやすい頻出事故パターンのガイドラインを示した。

(2) 対策は頻出事故パターンに合わせた具体的な安全運転習慣を掲げた。

(3) 本書（企業担当者用）では、社内で安全運転管理を担当する管理者等が、ドライバーに安全運転習慣を身につけてもらうようにするためのノウハウをまとめた。また、ドライバーに必要な具体的対策は、姉妹本である「ドライバー実践マニュアル　事故をなくす気づきと習慣」（ドライバー用）に、共感と気づき、理解が得られやすいように、豊富なデータなどをビジュアル化してまとめた。

(4) 本書では、安全運転習慣に関する内容のみならず、ドライバーへの指導に必要な知識や伝え方など実践的なノウハウも含めた事項をカバーした。

(5) 企業担当者用とドライバー用の両書を併用して、企業内教育・指導などを含めた安全運転管理を推進いただくことで、実効を高められるようにした。

　これらの内容により、本書の活用を契機として、企業内の安全運転管理が活性化され、取り組みの効果が一層上がることを念じてやまない。

平成 25 年 4 月

北村　憲康

目 次

はじめに 3

本書の目的・構成と活用方法 9

第1章　企業における交通安全管理のあり方 …………………… 11

1-1. 企業を取り巻く状況 12
1-1-1. 業務上事故の発生状況 12
1-1-2. 変化する交通環境 14

1-2. 企業における安全運転管理のあり方 16
1-2-1. 企業における安全運転管理の現状 16
1-2-2. 安全運転管理の要件と陥りやすい状況 17
1-2-3. 安全運転教育の重要性 19
1-2-4. 現状把握
　　　頻出事故パターンの整理－事故パターン分類と頻出事故対策 20
1-2-5. 安全運転教育の体系と教育の対象・タイミング・頻度・手法 22
1-2-6. 安全運転教育を進めるに当たってのポイント 23

第2章　共感と気づきを生み出す教育法 ………………………… 27

2-1. 安全運転習慣の形成と企業内教育 29

2-2. 安全運転習慣の基礎 32
2-2-1. 正しい運転姿勢の維持 32
2-2-2. 速度変化の小さい「定」速運転 36

2-3. 頻出事故環境下での安全運転習慣 39
2-3-1.【バック】バックギアを入れる前の指差し確認 39
2-3-2.【バック】駐車スペース半分での一時停止と安全確認 44
2-3-3.【赤信号停止】サイドブレーキの活用 47
2-3-4.【相手車優先・交差点】二段階停止と安全確認 51
2-3-5.【自車優先・交差点】アクセルから足を離すこと（ブレーキペダルに足を乗せる） 55
2-3-6.【右折】ショートカットではなく回るような右折 58
2-3-7.【左折】左寄せと二段階左折 63
2-3-8.【進路変更】操作先行を防ぐ合図のタイミング 66

第3章　安全運転教育をめぐる個別テーマ ……………………… 71

3-1.「ながら運転」を防止する管理の考え方　72

3-2. 居眠り運転を防止する管理の考え方　75

3-3.「急ぎ・焦り」運転の防止に関する教育法　78

3-4. 歩行者事故の防止　83
　3-4-1. 歩行者事故の状況　83
　3-4-2. 指導のポイント　83

3-5. 自転車事故の防止　86

3-6. 新入社員の本質的な教育法　89

3-7. シニアドライバーへの対応　93

3-8. 事故惹起者・多発者への対応　97

第4章　実践教育にすぐ使える基礎知識
　　　　～PDCA構築、事故対応、ドラレコ活用～ ……… 101

4-1. 社有車管理の基本（企業責任と法的義務）　103
　4-1-1. 事故発生時に企業に生じる責任　103
　4-1-2. 企業が果たすべき義務　105
　4-1-3. 社有車管理の考え方　110
　4-1-4. PDCAサイクルによる管理　112

4-2. 事故パターン分類法（頻度事故パターンの把握）　116
　4-2-1. 事故パターンの分類フロー　116
　4-2-2. 事故パターンの分類項目　117
　4-2-3. 事故パターンの集計方法　118

4-3. 添乗チェック　121
　4-3-1. 添乗チェックの目的　121
　4-3-2. 添乗チェックリストの作成　121
　4-3-3. 添乗チェック対象者の選定と頻度　122

4-4. ドライブレコーダ活用　124
4-4-1. ドライブレコーダの基礎知識　124
4-4-2. ドライブレコーダの機種選定に際しての検討のポイント　128
4-4-3. ドライブレコーダ活用のポイント　131

4-5. 事故時の制裁に関する考え方　136

4-6. 事故報告書の書き方　140
4-6-1. 事故報告書に対する考え方　140
4-6-2. 再発防止のための事故報告書の様式例と記入のポイント　142

4-7. 事故惹起者・多発者への面談法　146

おわりに　149

●著者プロフィール

北村　憲康（きたむら　のりやす）

東京海上日動リスクコンサルティング株式会社　自動車リスク事業部開発グループ　グループリーダー・主席研究員。大企業・自治体向け交通事故対策を機軸としてヒューマンエラー対策から体制構築・マネジメント支援、リスクシミュレーションまで、総合支援型コンサルティングを実践。国土交通省国土交通政策研究所「運輸企業のための組織的安全マネジメント手法に関する調査委員会」委員、自動車技術会「ドライブレコーダ活用委員会」「ITS検討委員会」委員などを歴任。著書に『安全運転寿命』（企業開発センター 2009）、『シニアドライバーのための安全運転習慣10―データでわかる・危険が見える運転術』（同 2013）、その他専門誌への寄稿多数。

本書の目的・構成と活用方法

(1) 本書の目的

　本書は、企業の社会的責任（CSR）の観点から、近年重要性が一段と高まっている企業における安全運転管理について、現状と問題点を示した上で、ぜひ活用いただきたい実践的な対応策や知識を厳選して掲載しており、主要な読者としては企業の安全運転管理者や副安全運転管理者の方々などを想定している。

　内容としては、事故の主要な原因であるヒューマンエラー（事故の原因となる不適切な行為）への対策、特に、頻出事故への対策に重点を置いて記述しており、企業の交通事故を効果的・効率的に防止・削減することを狙っている。

　本書の「第2章　共感と気づきを生み出す教育法」に連動する形で、ドライバー向けのテキスト「ドライバー実践マニュアル　事故をなくす気づきと習慣」が別途刊行されている。企業内で安全運転管理・安全運転教育を進める際には、セットで使用いただくことでより効果が高まると思われるので、ぜひご活用いただきたい。

　さらに詳しい内容や各社固有の実態に応じた対応策についてお知りになりたい場合には、東京海上日動リスクコンサルティング（株）（略称：TRC）自動車リスク事業部において、様々な業種・ニーズに対応したコンサルティングメニューを用意しているので、ぜひご連絡いただきたい。

(2) 本書の構成

　本書は、第1章で企業における安全運転管理の現状と問題点および課題への対応策について述べ、安全運転管理の全体を俯瞰した上で、第2章ではヒューマンエラー防止対策のうち、特に最優先

で取り組む必要がある頻出事故パターンへの対策について、第3章ではヒューマンエラー対策を講じることが特に重要と考えられるいくつかの個別テーマについて、第4章では管理者（本書における定義：ドライバーが安全運転を行うように管理する立場にある者。いわゆる管理職に限らず、その補助者を含む。具体的には、道路交通法に基づく安全運転管理者や副安全運転管理者とその上司・部下の役員・従業員などが該当する。）として最低限押さえておきたい実務知識について、それぞれ解説している。

　第1章から順に読んでいただいてもよいし、あるいは第1章を読んだ後でご関心のある章に飛んでいただいてもよいように構成した。各章の冒頭にはサマリーを載せているので、各章の概要をつかむのに参照いただきたい。

　また、各項などの末尾には必要に応じて、その項などのポイントを「ここがポイント」として記載している。さらに、ドライバーの皆さんに身に付けていただきたい安全運転習慣の具体的な内容を解説する第2章では、各項の冒頭に安全運転習慣の概要を、末尾に安全運転習慣のポイントや関連する重要なポイントを「まとめ」として記載している。各項の全体像をつかむ際の参考としていただきたい。

【注】
※ 2013年2月に愛知県警から公表された交通事故統計データの訂正に関しては、
　本書では一部を除き訂正前のデータを使用している。

(3) 本書の活用方法

　本書では、交通事故の効果的・効率的な削減のための様々な「ヒント」を提供している。読者各位におかれては、本書の記述とご所属の企業の現状とを比較して、必要に応じて自社の安全運転管理や安全運転教育の改善を進めていただきたい。

　また、これらの改善に取り組む前段階で、担当役員・担当者との間での議論の前提となる基礎知識や問題意識を共有する手掛かりとしても、ぜひご活用いただきたい。

第1章

企業における交通安全管理のあり方

　1970年に史上最悪の1万6,765人を記録した交通事故死者数（24時間死者数）は、その後減少傾向にあり、2011年には4,663人と11年連続で減少し、交通事故発生件数・負傷者数も近年減少傾向にある。その一方で、業務中や通勤中の死亡事故の減少は鈍く、法令遵守や安全対策を軽視した結果として重大事故を惹起した企業に対する社会や行政の目は、益々厳しさを増している。このような中で、企業の交通安全対策、特にその中核となる安全運転管理の充実・強化は、より喫緊の課題となっており、企業は、当然に果たすべき社会的責任の一つとして、今まで以上に、安全運転管理に真摯に取り組むことが求められている。

　本章では、
① 　交通事故全体や業務上事故の概況
② 　シニアドライバーの増加、事故防止・被害軽減技術の発達と普及など、今後予想される交通環境の変化
③ 　企業における安全運転管理の現状と課題の整理
④ 　企業における安全運転教育の重要性や教育体制の構築のポイント

を紹介する。

　企業の安全運転管理の取り組み状況は様々だが、抑止効果を狙った教育や制裁に偏重するケースが少なくなく、「抑止」と「防止」の各対策をバランス良く講じていくことが必要である。また、防止の取り組みとしては、交通事故の最も主要な要因であるヒューマンエラーの防止が課題であり、いわゆる頻出事故パターンに対応した安全運転フローの習慣化が重要である。

　さらに、ドライバー教育では、例えば、入社時と事故惹起時以外の教育がほとんど行われていない「キセル型」（入口と出口はあるが、その間のパイプは空っぽ）の企業が多く、いつ、誰に、何を教育するのかなどのポイントを押さえた教育体制の構築が求められる（詳細は後述する）。

　読者各位におかれては、本章の内容と自社の現状とを照らし合わせながら、自社における安全運転教育をどのように改善するべきか、ぜひ考えてみていただきたい。

1-1 企業を取り巻く状況

1-1-1 業務上事故の発生状況

(1) わが国における交通事故の発生状況

　1970年に史上最悪の1万6,765人を記録した交通事故死者数（24時間死者数）はその後減少傾向にあり、2011年には4,663人と11年連続で減少している。また、交通事故発生件数は69万2,056件、負傷者数は85万4,610人と、こちらも近年減少傾向にはあるものの、日々多くの事故や負傷者が発生している（図1-1）。

　この結果、内閣府の推計（2012年版交通安全白書）によれば、わが国における交通事故による損失は総額で6.33兆円にものぼっており、依然として巨額の損害が発生している状況にある。

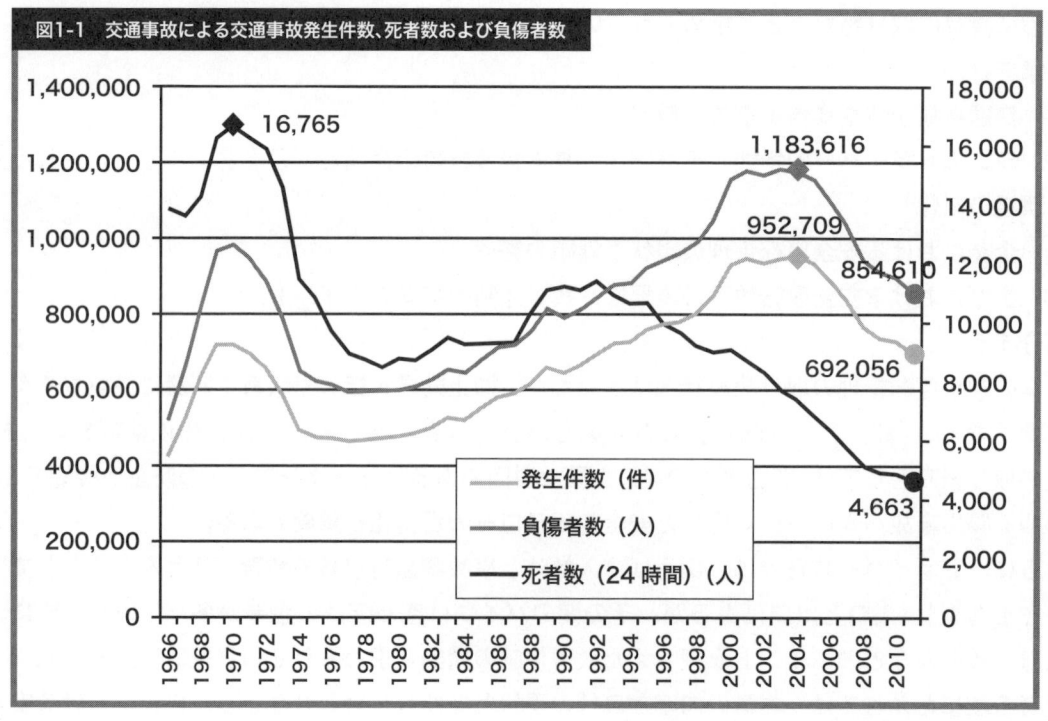

図1-1　交通事故による交通事故発生件数、死者数および負傷者数

出典：警察庁「平成24年警察白書」統計資料等より作成

(2) 業務上事故の発生状況

交通事故全体が減少しているのと同様に、業務中や通勤中の交通死亡事故についても2002年の2,004人から2011年の1,402人と減少傾向を示している（表1-1）。しかし、交通死亡事故全体（2002年：8,326人、2011年：4,612人、減少率44.6％）と比較すると、業務中や通勤中の事故の減少（2002年：2,004人、2011年：1,402人、減少率30.0％）は鈍く、企業の安全運転管理の充実・強化はより喫緊の課題であると言える。

表1-1　安全運転管理者選任事業所などにおける交通死亡事故発生状況

西暦	業務中・通勤中における死亡事故			交通死亡事故全体
	選任事業所	選任対象外事業所		
2002	576	1,428	2,004	8,326
2003	547	1,428	1,975	7,702
2004	494	1,355	1,849	7,358
2005	459	1,235	1,694	6,871
2006	455	1,238	1,693	6,352
2007	451	1,166	1,617	5,744
2008	424	1,094	1,518	5,155
2009	392	976	1,368	4,914
2010	370	1,067	1,437	4,863
2011	364	1,038	1,402	4,612

※安全運転管理者選任事業所：一定以上の台数の自家用車を使用する事業所に安全運転管理者の選任が義務づけられている。
出典：(財)全日本交通安全協会発行「人と車」2012年6月号の特集「安管選任事業所における交通事故実態と安全運転管理者を中心とした事故防止対策」（福谷徳啓氏）の表2を引用して加工したもの

(3) 厳しさを増す社会・行政の目

利益最優先で法令遵守や安全対策を軽視し、重大な事故を発生させた企業に対する社会や行政の目は益々厳しさを増している。最近では、2012年4月に発生した関越自動車道における高速ツアーバス事故や同年11月に発生した万里の長城遭難事故では、ツアーを企画した旅行業者や運行した貸切バス事業者が事業の許可・登録を取り消されたり、あるいは倒産したりするなど、重大事故を発生させたことにより企業の存立基盤そのものが失われる事態となった。

交通事故に焦点を絞ってみると、交通事故死者数が減少するなど、わが国全体として重大事故が減っていく傾向にある中、一件一件の事故の重みが増している。法令遵守や安全対策を軽視した結果として重大事故を惹起した企業に対する社会の目や行政の対応は、程度の差こそあれ、あらゆる業種に共通して、今後も厳しさを増すことはあっても、弱まることはないものと思われる。

このような社会環境の中で、あらゆる企業は、企業が当然に果たすべき社会的責任（CSR）の一つとして、今まで以上に、特にその中核となる安全運転管理に真摯に取り組むことが求められている。

1-1-2 変化する交通環境

　今後の交通事故情勢については、様々な見方があり得るが、確実に言えることは、将来の交通環境はいくつかの点で現在とは相当程度異なったものに変化していくだろうということである。以下において、今後10年～20年程度の間に起きると考えられるいくつかの交通環境の変化について述べたい。

(1) シニアドライバーの確実かつ急激な増加

　わが国が高齢社会に突入したと言われて久しいが、ドライバーの高齢化も進みつつある。2011年の高齢者（65歳以上）の運転免許保有率は4割強に過ぎないが、10年後には約7割強、20年後は約9割と急速に増加し、その総数も大幅に増加することが見込まれている。
　高齢者には、運転の際に事故を起こしやすく、被害者になったときの被害も大きいという特徴があり、今後、高齢者といわゆるシニアドライバーの増加に伴い、高齢者が関係する交通事故が大幅に増加し、その被害も大きいものとなることが懸念される。

(2) 車道を走る自転車の増加

　東日本大震災後の計画停電による公共交通機関の混乱やガソリン不足を契機に、地球温暖化防止・省エネ意識の高まりとも相まって、自転車通勤の増加が指摘されている。また、近年の自転車と歩行者との衝突事故の増加を背景に、警察庁は自転車と歩行者との空間的な分離を推進する方針を表明し、道路交通法（道交法）の原則どおりに、指定場所を除いて自転車に歩道ではなく車道を走らせるという流れが強まっている。さらに、スピードの出やすいスポーツタイプの自転車や電動アシスト付き自転車の人気が高まり、その普及が進んでいる。
　また、携帯電話で話しながらの走行や車道の逆走など、自転車利用者のマナーの悪さを指摘する声も多い。企業では、社用車・マイカーの運転の際の自転車との事故の防止はもとより、社員の通勤や業務移動における自転車の利用についても適切な対応が求められている。

(3) 事故防止・被害軽減技術の発達と普及

　上述のように、企業における交通事故の増加につながることが懸念される要因がある一方で、例えば、衝突被害軽減ブレーキやレーン・キープ・アシストなどの事故防止・被害軽減技術の発達と普及が見込まれるように、情報通信技術を活用したITS（Intelligent Transport Systems：高度道路交通システム）の進展が事故削減につながることが期待されている。

しかし、これらの技術は、現状では、天候などによっては作動しない、あるいは一定の大きさを超えるものは認知しないなどの機能上の制約や限界がある場合も多い。また、事故防止・被害軽減技術を装備した車両のドライバーがその装備の能力を過信し、無理な運転や雑な運転を行ってしまう可能性も指摘されている。例えば、駐車場・構内事故削減のためにバックモニターを導入したが、事故がいっこうに減らない、という企業も多い。これは、ドライバーがバックモニターに頼り切ってしまい、トラックを降りて安全確認するなどの作業を怠ってしまうことなどが原因と言われている。

　したがって、「高い費用を投じ、安全性能が高い最新型の車両や装置を導入」するだけでは企業の安全対策として十分ではなく、事故防止・被害軽減技術を活用する場合には、ドライバーが当該技術の機能上の制約や限界を正しく理解するとともに、当該技術に対して過信や不信を抱かないように、ドライバーに対して適切な安全運転教育を施すことが必要である。

1-2 企業における安全運転管理のあり方

1-2-1 企業における安全運転管理の現状

（1）安全運転管理の必要性

　多くの企業は、その企業活動を展開するために、乗用車、トラックなどの車両を使用している。このような車両の使用者たる企業は、道交法に基づき、ドライバー、安全運転管理者、副安全運転管理者、その他当該車両の運行を直接管理する地位にある者に、道交法等に規定する安全な運転に関する事項を遵守させるように努めなければならないこととされるなど、法令上、様々な義務を負っている。さらに、企業の社会的責任（CSR）の観点からも、交通事故の防止に対する社会的な責任を有している。

（2）企業における管理の現状と限界

　道交法上の安全運転管理者の届出が必要な事業所の多くは、安全運転管理者を中心に安全運転管理に取り組んでいるが、安全運転管理者が専任か否か、実質的な権限や予算が付与されているか否か、経営層を含むトップマネジメントの体制が整備されているか否かなど、その管理状況は様々である。
　また、実際の取り組みを見ると、例えば、次のような抑止効果・抑止を狙った取り組みと制裁制度の二つが中心となっているケースが少なくない。
① 運転モラル形成を安全運転週間（あるいは月間）などのキャンペーン方式で実施。
② ヒューマンエラー防止能力の養成に組織的に取り組んではおらず、基本的にはドライバーの個人的な習熟に委ねている。（多くの場合、「先日、○○のような事故が起きたので十分に注意すること」のような形で事故情報を全体会議や朝礼で共有したり、単に運転適性診断を行う程度の段階にとどまっている。）
③ 事故時の罰則などの企業内の制裁制度中心の対策であり、継続的にしっかりとした取り組みを行う体制にはない。

特に、ヒューマンエラー防止に関しては、次に説明するような「一言スローガン型」や「キセル型」の取り組みとなっている企業が多い。例えば、「十分な車間距離の確保」、「左折時の巻き込み確認の徹底」などは一言スローガンの典型だが、ドライバーに対し、「なぜ、それをやらなければならないのか」、また「やらなければどのような危険があるのか」という具体的な理由をきちんと説明した上で、その危険を回避するためにドライバーが行うべき具体的な行為なり運転の手順（フロー）を明確に指導・教育するまでには至っていない。このため、ドライバーがその目的をきちんと理解していないが故に、形式的には実行しているものの、きちんとした安全確認ができていないケース（実質的にはやっていないも同然のケース）も散見され、事故防止という結果が十分に伴わず、ややもすれば「掛け声倒れ」となってしまう。

　また、ヒューマンエラー防止教育を行っている場合でも、結果として「キセル型」の教育体制となっていることが多いことも問題である。多くの企業は、新入社員の入社時に一定の研修を実施したり（入口）、交通事故の惹起者に対する制裁を行ったり（出口）しているが、入口と出口の間では事故防止のための具体的・実践的な教育はあまり行われておらず、この間の事故防止対策が不十分となっている。

1-2-2　安全運転管理の要件と陥りやすい状況

(1) 安全運転管理の要件

　企業における安全運転管理には、①運転モラルの形成、②ヒューマンエラー防止能力の養成、③①と②の双方を継続させる企業内の体制、の三つの要件があると考えられる（**図1-2**）。

　まず、①の運転モラルの形成とは、交通法規を遵守し、常に事故防止を念頭に置き、慎重に運転する姿勢（運転モラル）をつくることである。このためには、飲酒運転や危険運転などに対する規制・制裁の強化、これらに対する社会の厳しい目、さらには事故時のドライバーの責任や様々な損失などのデメリットなどについて、ドライバーに正しく理解させる必要がある。

　次に②のヒューマンエラー防止能力の養成とは、運転中の交通環境で生じる危険を予測するとともに、それを回避するための能力を養成することである。そのためには、自社内で発生している事故の実態を踏まえた危険の洗い出しと具体的な対応策の策定や、個々のドライバーの運転適性に応じたヒューマンエラー防止教育が必要となる。

　最後に③の企業内の継続体制とは、①の運転モラルの形成や②のヒューマンエラー防止能力の養成を継続的に実施できるよう、企業内で統制・管理する仕組みである。この仕組みを構築するためには、運転モラルの形成やヒューマンエラー防止能力の養成の具体的な教育プログラムを設計し、その上で、経営トップ層を巻き込み、教育の実践状況や事故発生状況の把握・分析・管理を行う機能、

例えば、「社内安全管理委員会」のような組織を社内に設置することが必要である（なお、製造業を中心に安全衛生委員会を設置している企業も多いが、このような枠組みを活用することも考えられる）。

これらの三つの要件を企業内で整備し、機能させることにより、企業の安全運転管理の基礎が出来上がる。この上で、さらに改善を加えながら、様々な活動を社内に根づかせていくことが重要である。

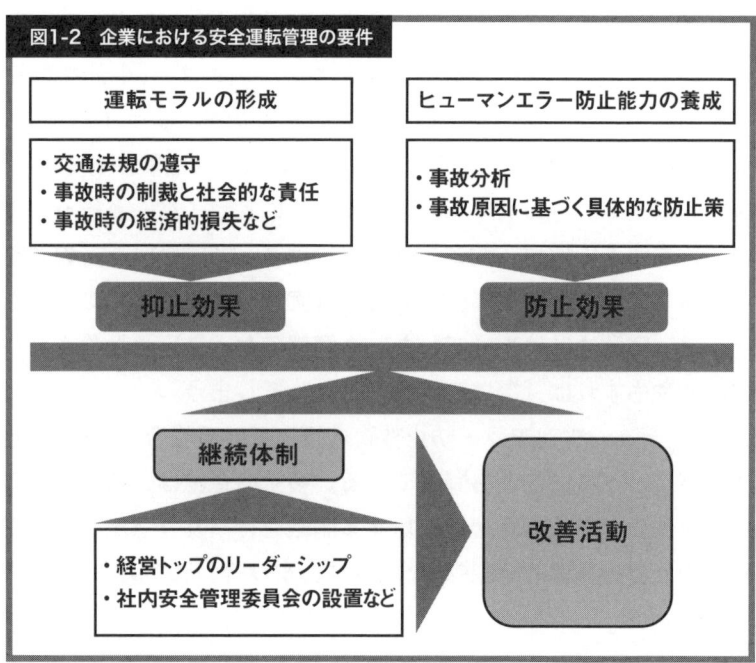

(2) 抑止と防止のハイブリッド

前述のとおり、企業の安全運転管理は抑止に偏重するきらいがある（図1-3）。しかし、効果的・効率的に事故を防止するためには、抑止と防止をバランス良く組み合わせる必要がある。このような観点からは、次のような点をミニマム（最小限）の達成目標とした「抑止と防止のハイブリッドモデル」の対策を講じるべきである。

まず、「抑止」については、事故時の企業責任とドライバー個人の責任について、具体的な自社事例などを用いながら、正確にドライバーに伝える必要がある（詳しくは第4章を参照されたい）。他方で、これに企業としての制裁を追加することは避けることが望ましい。これは、法令などに基づく責任に加えて、さらに追加的な制裁を加えたところで、直接的なヒューマンエラー防止対策を代替できるものではなく、むしろ、「会社はどうすればいいのか教えもせずに、責任だけを押しつける」として、社員の会社に対する帰属意識・忠誠心が下がるなどの副作用が生じかねないからである。

次に「防止」については、頻出事故分析を行って繰り返し起きている同種の事故や危険を明らかにし、これらをヒヤリ

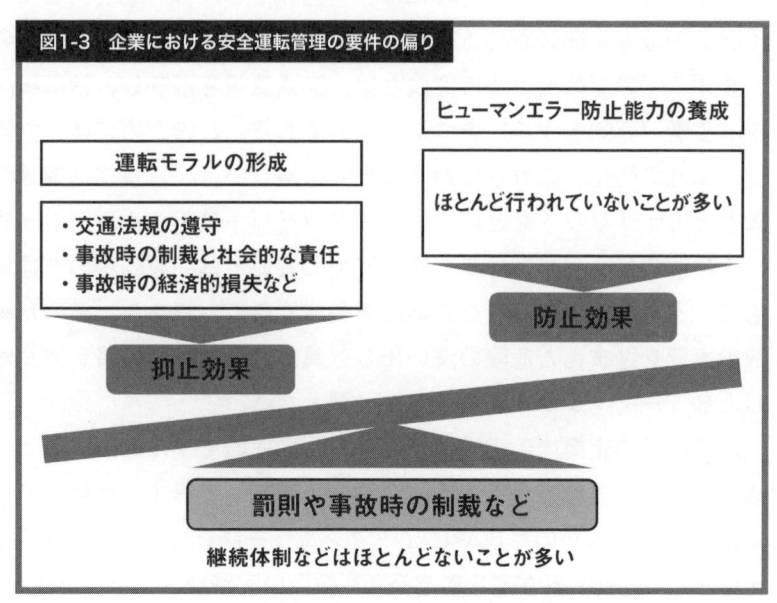

ハット教育、危険予知訓練（KYT：Kiken Yochi Training）等に取り入れ、継続的に行う必要がある。この際、事故パターン全てを網羅するのではなく、頻出事故に関する事実や対策を重点的に繰り返し伝えることで、企業が投入可能な人的・物的資源を効果的・効率的に活用することが大切である。

　抑止と防止の双方をバランス良く教育することにより、ドライバーが、①事故時の責任を企業と個人の双方について正確に理解し、②自社で繰り返し起きている事故や危険への対応も理解している、という姿が、企業内の安全運転管理で目指すべきミニマムの達成目標である。

Check! ここがポイント 1-2-1、1-2-2について

- ✓ 企業の安全運転管理は、抑止効果を狙った取り組みと防止効果を狙った取り組みをバランス良く組み合わせ、継続的に行うことが必要。抑止に偏重した対策では、直接的なヒューマンエラー防止対策の代替はできない

- ✓ ヒューマンエラー防止対策を講じる際には、事故パターン全てを網羅するのではなく、頻出事故分析により頻出事故パターンを特定し、頻出事故に関する事実や対策を重点的にドライバーに繰り返し伝えることで、企業が投入可能な人的・物的資源を効果的・効率的に活用することが大切

1-2-3　安全運転教育の重要性

　交通事故の発生原因となるリスクは様々であるが、最も主要な原因はドライバーのヒューマンエラーである。また、発生する事故の形態には様々なものがあり、そのパターンも無数にある一方で、企業の交通事故を分析してみると、次項（1-2-4）で述べるように、わずか数個からせいぜい10個程度の事故パターンで事故全体の半数以上を占めることが多い。この事実は、これらの頻出事故パターンに対応するヒューマンエラー防止対策を徹底することにより、効果的・効率的に大幅な事故削減を図ることができることを意味する。ここで言うヒューマンエラー防止対策とは、運転中の交通環境で生じる危険の予測・回避をドライバーが適切に行えるようにする対策を意味する。

　しかしながら、ドライバーのヒューマンエラー防止対策に取り組んでいる企業は少なく、あるいは、行っている場合でも、ごく初歩的な段階にとどまっている場合が多い。この背景としては、①企業が事故防止をやや簡単に考える傾向があること、②ヒューマンエラー防止対策を講じるには手間とある程度のノウハウが必要になること、が挙げられる。このため、現場では、運転する際の具体的な安全確認や運転操作をどのように行うべきかが十分に共有されず、ドライバー個人の判断や能力に委ねられてしまっている。「安全運転をしないといけない」という意識はあるものの、事故に遭わないためには具体的にはどのように運転すれば良いのかは分からず、一人一人が思い思いに

運転し、「事故が相変わらず減らない」、あるいは「繰り返して同じような事故が起きる」、というのが実態である。

このため、本書では、ヒューマンエラー防止対策に新たに取り組んだり、対策をさらに強化しようとする企業の担当者に、具体的な対策をイメージしていただきやすいように、重要と考えられるポイントを中心に紹介していく。本書を一つの契機として、多くの企業で、交通事故の防止・削減のための実効性のあるヒューマンエラー防止対策が進められることを期待したい。

1-2-4 現状把握
頻出事故パターンの整理－事故パターン分類と頻出事故対策

効果的・効率的に安全運転教育を進めるためには、自社のリスク実態に即した教育内容とすることが必要なため、まずは自社でどのような事故が発生しているのか、しっかりと現状を把握、分析する必要がある。

(1) 頻出事故パターンの把握・分析の重要性

交通事故が数百件あれば数百とおりの原因が想定されることになるが、業種ごとの違いはあれ、企業での交通事故は交通環境や事故形態、その時の自車（事故を起こした車）の行動などを総合した一定の事故パターン（例えば「信号がある交差点の通過時の接触・追突事故」）に整理でき、ある程度まとまった件数の事故が生じている企業であれば、わずか数個（あるいはせいぜい10個程度）の事故パターンで事故全体の件数の半数以上を占めることが多い。例えば、図1-4は東京海上日動リスクコンサルティング（株）（TRC）が調査した白ナンバーの社有車（乗用車）の事故データで、上位のわずか六つの事故パターンで全体の事故件数の51.2%を占めている。なお、図1-4の「その他」には、58パターンもの多くの事故パターンが含まれており、このうち41パターンについては全体の事故件数の1%にも満たない。

このことは、このようないくつかの頻繁に繰り返し発生している事故パターン（頻出事故パターン）への対策を徹底することにより、半数以上の事故を削減できる可能性があることを示している。安全運転管理に企業が投入可能な限られた人的・物的資源を効果的・効率的に活用し、交通事故の大幅な削減を図るには、無数の事故パターン全てに網羅的に取り組むよりも、自社の頻出事故パターンを正確に把握・分析し、頻出事故が起きやすい環境での対策の徹底を優先することが重要である。

なお、頻出事故パターンの具体的な把握・分析方法については、第4章で後述するが、基本的には、社内の事故報告書の記載内容をデータベース化し、分析することになる。

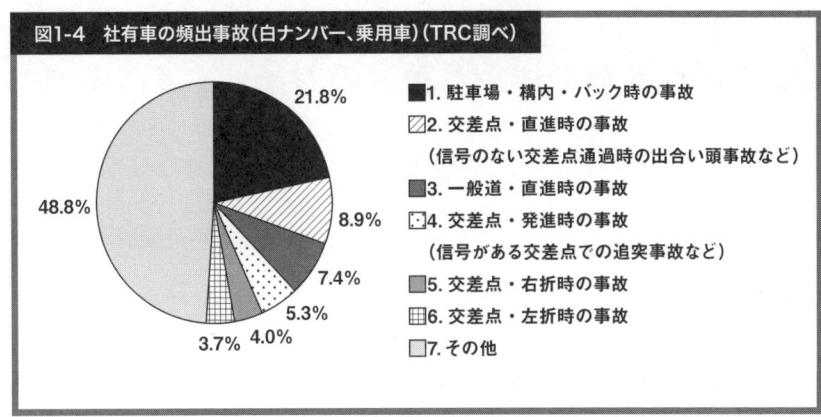

figure 1-4 社有車の頻出事故（白ナンバー、乗用車）（TRC調べ）

(2) 頻出事故パターンに対応した安全運転フローでの運転の習慣化

　頻出事故パターンが特定できれば、次に、頻出事故の原因である具体的なヒューマンエラーを特定し、それに応じた具体的な実践につながる対策を決定した上で、ドライバー教育を実施する。典型的な頻出事故パターンとそれへの対策については第2章で後述するが、多くの場合、それぞれの交通環境下で必要な安全確認が不十分であったり、あるいは、安全確認は行ってはいるものの、安全確認を完了するより前に運転操作を先行させてしまったりしているなどの問題があることが分かっている。このため、頻出事故対策としては、頻出事故パターンごとに、それぞれの交通環境に必要な安全運転フロー（手順）を定めるとともに、個々のドライバーの運転と比較し、安全運転フローのどこができていないかをチェックし、安全運転フローでの運転が習慣となるまで、ドライバー教育を繰り返すことが肝要である。

　なお、ここで取り上げた統計データは、東京海上日動リスクコンサルティング（株）（TRC）がコンサルティングを行った企業がその事業活動に使用している白ナンバー車両の事故を抽出・分析したものである。白ナンバーの社有車であれば、大部分の企業の事故発生傾向から大きく外れることはないと考えられる。すなわち、中小企業などで自社の事故件数が少なく有意な統計分析が難しいなどの事情がある場合は、ここで取り上げたデータに基づき自社の対策を構築していただいてもよいだろう。

Check! 1-2-3、1-2-4について

✓ 頻出事故パターンの防止に資源を集中的に投入することで、投資に比してより高い事故削減効果が期待できる

✓ 頻出事故パターンごとに安全運転フローを定め、個々のドライバーの運転と比較し、どこができていないのかをチェックし、安全運転フローでの運転が習慣になるまで「繰り返し」指導することが大切

1-2-5 安全運転教育の体系と教育の対象・タイミング・頻度・手法

(1) 安全運転の教育体系

　安全運転の教育体系は、基本的に個々の企業のリスク実態を分析した上で、その分析結果（例えば、頻出事故パターン）と当該企業の人事体系を踏まえて構築することが重要である。また、企業活動の結果として、リスク実態や人事体系も変化していくことから、定期的に教育体系などの見直しを行っていくことが重要である。

(2) 安全運転教育の対象・タイミング・頻度

　教育の対象者は、企業活動の過程で自動車を運転する全てのドライバーであり、正社員はもちろんのこと、その他の契約社員なども対象とし、さらには協力会社の社員なども対象とすることが考えられる。
　前述したように、企業の安全運転教育は、入社時と事故惹起時以外にはごく限定的にしか行われていないのが実情（「キセル型」の安全運転教育）であり、社員が安全運転に必要な知識を習得する機会に乏しい。入社当初は緊張し、慎重な運転態度であった新入社員も、仕事に慣れていくにつれて運転にも油断が生じていく。
　また、一般的に、安全運転教育の効果は、時の経過とともに薄れていくし、さらに、身体的機能や判断力などは加齢に伴って徐々に低下していくことになる。このため、企業では、職場全体で行う取り組みに加え、入社から退社に至るまでの間に、定期的に対象者の年齢などに応じた安全運転教育を受けることが可能なプログラムを構築する必要がある。
　例えば、新入社員研修、5年目社員研修、10年目社員研修などの一環として安全運転教育を実施することが考えられる。また、事故惹起者・多発者については、事故を再発させるリスクが高い層であるため、全社員を対象とする定期的な教育とは別に、第3章・第4章で述べるように、再発防止のための教育・指導を行うことが必要である。
　さらに、安全運転教育の頻度については、個々の企業や職場の置かれた状況にもよるが、一概に多ければよいというものでもなく（飽き・マンネリ化）、少な過ぎても一度に与えられる情報の量が多過ぎて消化不良ということにもなりかねない。重要なのは、現実的に可能な頻度の中で頻出事故パターン対策などの優先度が高い対策を、定着・習慣化させるための取り組みを企業・職場全体で繰り返し継続的に実施することである。

(3) 教育の手法

　教育の手法については、担当部署の役職員や外部講師が座学で行うのもよいが、それだけでは一過性のものになりがちなので、必要な安全運転習慣が形成されているか否かを職場の管理者や先輩職員が継続的にフォローする仕組みをつくることが重要である。

　また、ドライバーに対する指示・伝達や教育・指導などについては、主として現場の管理者がその役割を担うことになるが、管理者のコミュニケーション・スキルのレベルの高低によっても、実際の効果は大いに変わる。このため、管理者がドライバーとの間で効果的・効率的なコミュニケーションを行えるよう、企業には、現場の管理者のコミュニケーション・スキルを向上させるための取り組みを行うことが期待される。

Check! ここがポイント　1-2-5について

- ✓ 入社時教育、事故惹起時教育以外にも節目節目（例：5年目、10年目など）で教育機会を設定する

- ✓ 頻出事故パターン対策などの優先度が高い対策を定着・習慣化するまで繰り返すことが重要

- ✓ 教育の手法については、管理者や先輩社員が継続的にフォローする仕組みをつくることが重要。また、管理者のコミュニケーション・スキル向上のための取り組みも大切

1-2-6 安全運転教育を進めるに当たってのポイント

　以上で述べたように、企業の安全運転管理には、様々な問題点や課題があり、交通事故防止のための体制を構築する際には、ポイントを押さえた取り組みを進めることが効果的・効率的である。表1-2は、個々の企業が新たに自社の体制を構築したり、あるいは、見直したりする際に留意すべき点を簡単にまとめたものであり、参考にしていただきたい。

　なお、実際に体制の構築や見直しを進めていく際には、①必要な組織・人員・予算・権限を十分に確保できなかったり、②担当部署や担当者の事務処理能力に限界があったり、③知識・経験不足などが大きなハードルとなったりする。このようなときには、理想形や最終形を頭に思い描きながらも、まずは特に優先度・緊急度が高い対策からでも着実に進めていくことが必要となる。一般的

な企業では、まずは、頻出事故パターンに対応したドライバーのヒューマンエラー防止能力の向上のための取り組みから進めていくのがよい。また、知識・経験不足を補うためには、本書のような企業の安全運転管理に関する書籍を参照するほか、損害保険会社や交通事故防止コンサルタント等の外部専門家を活用することも重要である。

表1-2　安全運転教育・管理を行うに当たって留意すべき点

教育・管理内容の8のポイント	**【運転モラルの形成】**
	○運転モラルは安全運転に必要なものであるが、それだけでは十分ではないことを理解すること
	○ドライバーに漠然とした安全意識を持たせないこと
	○事故時の制裁は企業として事故が起きると困ることをドライバーに理解させるためのものであり、抑制のためのインセンティブとしてはならないこと →抑制のインセンティブとしての制裁は、十分な教育も行わないまま、経営者が事故リスクをドライバーに転嫁していると見られることもあり、ドライバーの企業への帰属意識・忠誠心が下がるとともに、事故隠し・当て逃げなどを助長しかねない
	○企業が事故時にドライバーに対する制裁を加えることは、上述のような副作用を招くこともあり、必ずしも事故防止につながらないため、慎重に考えること
	【ヒューマンエラー防止能力の養成】
	○技能の未熟は適切な安全確認で補強できるとのスタンスをとること
	○安全運転フローの習慣化が目的であることを理解すること →技能の向上が目的ではない
	○リスク実態に即した具体的なヒューマンエラー防止対策を策定し、ドライバーにその実践を指示すること
	○ヒューマンエラー防止対策については、定期的に最新のデータ・状況を反映し、必要な見直しを行うこと
教育・管理手法の7のポイント	○管理者とドライバーとのコミュニケーションを通じて対策の共有・浸透を図ること
	○管理者のコミュニケーション能力の向上を図ること →共感を呼び起こす指導法を習得すること
	○ドライバーに、何を実現するためにそのような安全運転フローを行うのか、また、実践する意義は何かを正しく理解させること →「車間距離の確保」「巻き込み確認の徹底」のような、いわゆる「一言スローガン」型である、本来の目的や意義をきちんとドライバーに理解させない形での教育では、手段の目的化や実践率低下につながりかねない
	○管理者の安全運転教育の実践度を定量化し、定期的にチェックすること
	○全社管理は事故件数だけでなく安全運転教育の実践度でも評価すること
	○事故惹起者対策では運転適性の見極めと改善目標の作成を行うこと
	○事故多発事業所対策ではマネジメント対策を中心に据えること

教育・管理体制の6のポイント	○経営トップの関与とリーダーシップが確保されていること
	○運転業務＝本業の重要な一部との姿勢を明確化すること →企業として事故防止対策を簡単に考えたり、低い優先順位しか与えていなかったりするのであれば十分な効果は期待できない
	○企業としての方針、目標および計画を明確化すること
	○社有車の管理体制・運用ルールを整備し、責任部署の一括管理の下で定期的にチェックすること
	○あらゆる社員が自社のリスク実態に応じた安全運転教育を受ける機会を継続的に確保すること →多くの企業は新入社員と事故惹起者以外の者の教育機会に乏しい、いわゆる「キセル型」（入口と出口のみ）の教育体制であるが、これでは不十分
	○PDCA（計画・実施・評価・改善）サイクルを回し、着実に進化を続けていくこと

第2章

共感と気づきを生み出す教育法

　第1章では、企業の安全運転管理の現状と課題、対策のポイントなどを俯瞰した。第2章および第3章では、第1章で重要性を指摘した企業のリスク実態に対応したヒューマンエラー防止のための具体的な対策について述べたい。このうち、第2章では、ヒューマンエラー防止対策の中でも、特に最優先で取り組む必要がある頻出事故パターンへの対策について述べる。

　いくつかの頻出事故パターンで大部分の事故がカバーされることや、これらの頻出事故パターンに共通する原因として、「安全確認の省略」（（例えば、「交差点の右折」などの特定の環境下における）一連の運転過程において必要な安全確認が漏れている、または精度が低い状態）や「運転操作の先行（操作先行）」（本来は運転操作を開始する前に安全確認を完了していなければならないところ、安全確認が完了する前に運転操作を開始している状態。（形式的には安全確認を行っていても、本来のタイミングよりも遅れて安全確認を実施しているため、実質的には安全確認が行えていない））があること、その具体的な対策として、全てのドライバーに安全運転習慣として身につけてほしい10の安全運転習慣を、「①安全運転習慣の基礎」と「②頻出事故環境下での安全運転習慣」の二つのカテゴリーごとに、図やイラストを交えながら具体的に示す。

　実際にこれらの安全運転習慣を継続して教育・指導した企業では、概して3割前後（多い企業では5〜8割）もの事故の削減という大きな成果を上げている例が少なくない。これらの安全運転習慣を定着させることで、ドライバーの安全運転行動のレベルを押し上げることが可能となり、頻出事故パターン以外も含めた交通事故全体の削減効果が期待できるのである。

　なお、企業内で実際にドライバー教育を行う際には、特に本書の第2章の考え方や具体的な安全運転フローを理解した上で、姉妹本である「ドライバー実践マニュアル　事故をなくす気づきと習慣」を教材として使用して教育・指導を進めていただくと効果的である。

10の安全運転習慣

①安全運転習慣の基礎（2種）	②頻出事故環境下での安全運転習慣（8種）
・正しい運転姿勢の維持 ・速度変化の小さい「定」速運転	・【バック】バックギアを入れる前の指差し確認 ・【バック】駐車スペース半分での一時停止と安全確認 ・【赤信号停止】サイドブレーキの活用 ・【相手車優先・交差点】二段階停止と安全確認 ・【自車優先・交差点】アクセルから足を離すこと 　　　　　　　　　　　（ブレーキペダルに足を乗せる） ・【右折】ショートカットではなく回るような右折 ・【左折】左寄せと二段階左折 ・【進路変更】操作先行を防ぐ合図のタイミング

2-1 安全運転習慣の形成と企業内教育

　第1章で指摘したように、本書では企業内の安全運転教育・事故防止のための最優先の取り組みをヒューマンエラーの防止と位置づけている。そのため、頻出事故の原因となっている「安全確認の省略」やハンドル・アクセルなどの「運転操作の先行（操作先行）」を防止するための安全運転教育が必要になるが、安全運転教育の内容を具体的に考える上で重要な次の三点を確認しておきたい。

　第一に、繰り返し起こる頻出事故パターンの存在である。具体的には、駐車場・構内でのバック事故をはじめとする六つの事故パターンが白ナンバーの社有車の交通事故の約半分を占めている（図2-1）。これらの頻出事故パターンを防止するための安全運転教育は、他の事故パターンに比べ優先度が高いと言える。

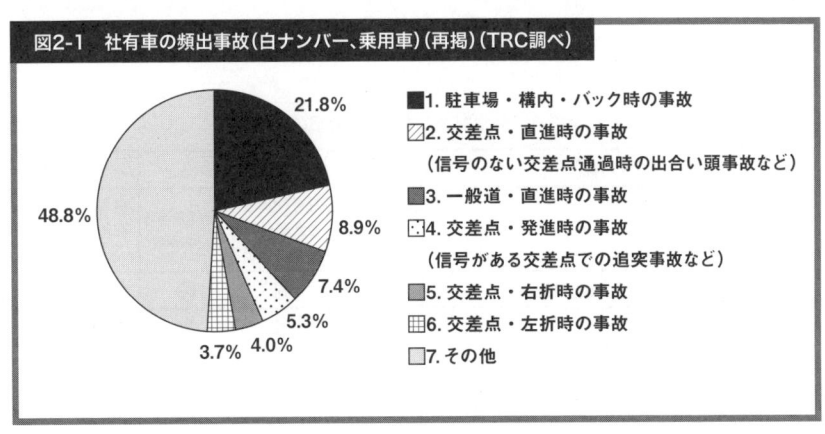

　第二に、これらの事故パターンに共通する原因は「安全確認の省略」と「操作先行」であるということである。「安全確認の省略」とは、例えば、「交差点の右折」などの特定の環境下における一連の運転動作の中で必要な安全確認が省略（または、低い精度で実施）されている状態を指す。「操作先行」とは、必要な安全確認自体は行われているものの、安全確認と運転操作が並行して同時に行われている、あるいは、運転操作が安全確認よりも先行して行われている状態を指す。安全確認を行う目的は、危険であれば運転操作を見合わせ、安全が確認された場合にのみ運転操作に移るためであることを踏まえると、「安全確認の省略」や「操作先行」が生じているような場合は、実質的には「安全確認が行われていない」とも評価できる（図2-2）。

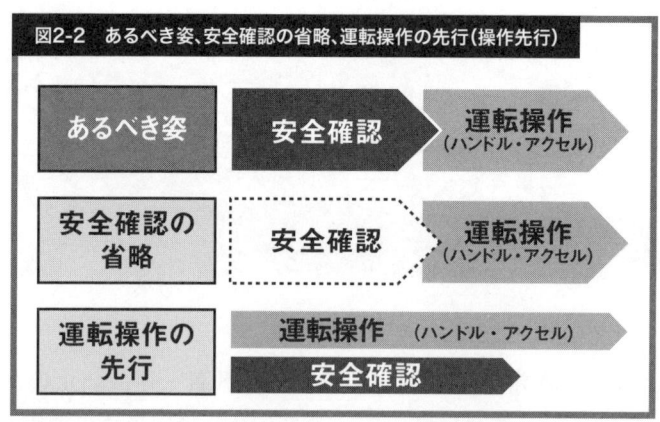

そして第三に、交通環境ごとに発生しやすい「安全確認の省略」や「操作先行」の具体的な内容は異なるという点である。それ故、交通環境ごとに発生しやすいヒューマンエラーの具体的な内容を理解し、それを防止するための安全行動フローを安全運転習慣化する必要がある。本章では、交通環境に応じた「安全確認の省略」や「操作先行」と、その対策について詳述していく（表2-1）。

ここで扱う対策は大きく分けて、二つのカテゴリーに区分される。一つ目のカテゴリーは「安全運転習慣の基礎」であり、これらはどのような交通環境にも共通する基礎的な安全運転習慣である。もう一つのカテゴリーは「頻出事故環境下での安全運転習慣」であり、主要な頻出事故環境に対応した安全運転習慣である。

表2-1　頻出事故と安全運転習慣の相関

	頻出事故（図2-1）との対応	1	2	3	4	5	6
		駐車場・構内でのバック事故	信号のない交差点通過時の出合い頭事故	一般道直進時の接触事故	信号がある交差点での追突事故	交差点右折時の接触事故	交差点左折時の接触事故
安全運転習慣の基礎	正しい運転姿勢の維持	●	●	●	●	●	●
	速度変化の小さい「定」速運転		●	●	●	●	●
頻出事故環境下での安全運転習慣	バックギアを入れる前の指差し確認	●					
	駐車スペース半分での一時停止と安全確認	●					
	サイドブレーキの活用				●		
	二段階停止と安全確認		●				
	アクセルから足を離すこと		●				
	ショートカットではなく回るような右折					●	
	左寄せと二段階左折						●
	操作先行を防ぐ合図のタイミング	運転時に行うことが多い行動					

これらの安全運転習慣の前提となる考え方について、大きく二点ほど説明しておきたい。

第一に、「安全運転習慣の基礎」を習得する目的は、<u>確実に危険を発見できる態勢をつくる</u>ことである。第二に、「頻出事故環境下での安全運転習慣」と「その他の交通環境での安全運転習慣」を習得する目的は、安全確認や運転操作などの多くの行為を短い時間でまとめて処理しようとせずに、できるだけ複数の過程に分けて行うこと、つまり、<u>一つ一つの安全確認を余裕を持って確実に行える態勢をつくる</u>ことである。

一般に、運転は「認知」「判断」「操作」の繰り返しと言われる。図2-2では、「安全確認」「運転操作」と簡略化した。同図の「あるべき姿」では、「安全確認」が完了してから「運転操作」が行われるという望ましい運転フローを示している。また、「安全確認の省略」では、必要な「安全確認」が省かれ、運転操作が行われていることを示している。同様に、「操作先行」では、「安全確認」と「操作」が並行して行われている状態を示している。

　「安全運転習慣の基礎」カテゴリーは、交通環境に関係なく、安全運転に必要な基礎的な安全運転習慣により構成される。「頻出事故環境下での安全運転習慣」カテゴリーは、白ナンバーの社有車の頻出事故パターンを踏まえ、主要な頻出事故パターンに対応する交通環境・自車行動の下で必要な安全運転習慣を示した。（なお、追越・進路変更時の「操作先行を防ぐ合図のタイミング」については、特定の頻出事故パターンに対応するものではないが、追越・進路変更は実際に行うことが多い自車行動であるため、追加している。）

> **Check! ここがポイント** 2-1について
>
> ✓ 多くの事故は、「安全確認の省略」や「操作先行」により発生している
>
> ✓ 「安全確認の省略」や「操作先行」を防止するためには、本章で後述する10項目の安全運転習慣をドライバーの安全運転習慣になるまで繰り返し教育・指導することが重要である
>
> ✓ 10の安全運転習慣をドライバーに定着させることにより、企業における交通事故の発生件数の大幅な削減が期待できる

2-2 安全運転習慣の基礎

ここでは、頻出事故を防止するための「安全運転習慣の基礎」について述べる。具体的には、「正しい運転姿勢の維持」「速度変化の小さい『定』速運転」である。

2-2-1 正しい運転姿勢の維持

概要 主な防止事故	全ての事故防止に寄与
ねらい	多くの事故に関連する要因に「意識の集中」がある。これを防ぐための基本対策として、一定以上の視野を常に確保できるようにするための運転姿勢を習慣づける
安全運転習慣の種類	運転前に、正しい運転姿勢（両肩、腰、膝、肘の位置、ミラーの位置）をつくり、運転中も正しい姿勢を保持する
よくあるヒューマンエラーや事故	運転前に正しい姿勢を確認しない、または確認しても運転中に姿勢が崩れてしまうことにより、危険の認知が遅れ、様々な事故につながる
ドライバー実践マニュアル※ 該当ページ	8ページ

※本書との姉妹本『ドライバー実践マニュアル　事故をなくす気づきと習慣』（中災防発行）

安全運転習慣の概要

運転前に、両肩をシートに付け、ハンドル操作やアクセル・ブレーキペダルを踏んだ際に、足や腕が伸びきらない姿勢、シート位置を確認する。この状態でミラー位置をセットし、運転中もその姿勢が崩れていないか、ミラーの視野を見ることで確認する。運転後はシートを一番後ろに下げ、次回の運転時にも正しい運転姿勢を意識させる状況にしておく（図2-3）。この姿勢維持が、広めの視野を確保し、危険を多く見つける（認知する）のに役立つ。

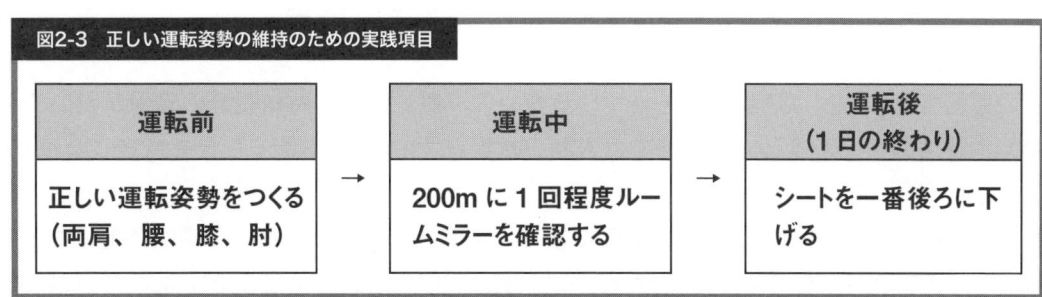

図2-3　正しい運転姿勢の維持のための実践項目

運転前	運転中	運転後（1日の終わり）
正しい運転姿勢をつくる（両肩、腰、膝、肘）	200mに1回程度ルームミラーを確認する	シートを一番後ろに下げる

運転前、運転中、運転後の習慣化

運転前は、正しい運転姿勢をつくることが重要である。正しい運転姿勢とは、具体的には両肩がシートに付いている状態を指す（図2-4の①）。また、シートと腰部に隙間がないようにシートの角度を調整する（図2-4の②）。この状態でルームミラーなどのミラー類を合わせる。ミラーを合わせることのみが指摘されがちだが、重要なのは正しい姿勢で合わせることである。適切でない姿勢でミラーを合わせても意味がない。

運転時は前方だけではなく、後方、左右からの危険に常に注意を払っておく必要があるため、一定以上の視野を常に確保できるよう、正しい運転姿勢が必要となる。人間の視野は左右110°程度あり、この110°の視野を維持するつもりで運転に臨まなければならない。

加えて、膝と肘に「ゆとり」をつくることが重要である。これは、ブレーキを踏んだときに足が伸びきらない（図2-4の③）、ハンドルを回したときに腕が伸びきらない（図2-4の④）ことを意味する。足や腕が伸びきった状態だと、十分なブレーキの踏み込みやハンドル操作が確保されない場合がある。結果、危険を認知した際の対応に遅れが出る。

運転中、正しい運転姿勢を維持するための手段の一つは、走行中200mに一回程度、ルームミラーを見ることである。ルームミラーに視線を動かし、ルームミラーで見える範囲が同じであることを確認す

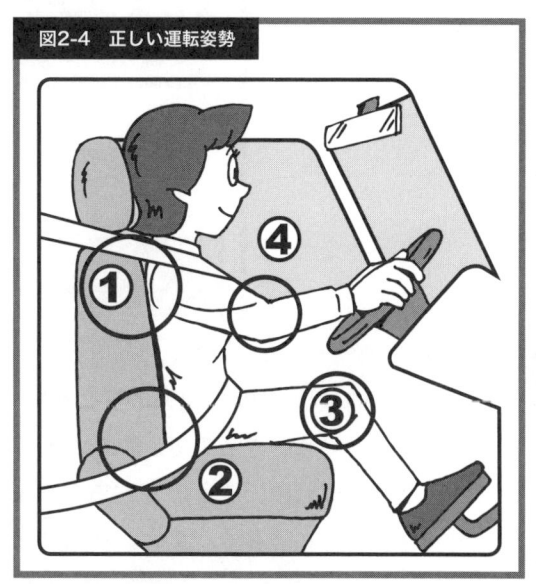

図2-4　正しい運転姿勢

る。このことにより周囲確認だけではなく、自身の運転姿勢に崩れがないかを確認できる。

　もちろん、これはルームミラーだけでなく、サイドミラーについても同様である。運転前に合わせたサイドミラーの視野を確認・維持する必要がある。

　運転後（1日の最後の運転時）は次の運転時に向けた準備が必要である。降車時は、シートを一番後ろまで下げ、次の乗車時に、再度、姿勢に合わせたシート調整を行わなければならない状況をつくるようにする。これにより、毎回正しい運転姿勢をつくる、という安全運転習慣が形成される。

視野110°の中での安全確認とサイドミラー活用

　正しい運転姿勢の維持は危険情報を見つけるための準備であり、特に視野の確保が狙いである。その際、危険情報を拾えるという意味での人間の視野が110°程度であることを留意しなければならない。

　そもそも110°の視野で交通環境上の危険に全て対応できるかどうかという疑問が生じるだろう。これについての答えはNOである。当然ながら視野は180°（欲を言えば360°）あるのが望ましい。しかし、現実的には110°の視野でも十分に危険を見つけることができる。左右のサイドミラー、ルームミラーにより左右・後方も安全確認できるからである。ただし、これらのミラーでも図2-5のとおり死角は存在する。

　大事なことは、人間の視野には限界があり、ミラーにより補完されている状態にあること、ミラーによる死角を理解しておくことで、大半の危険には対応できるということである。つまり、走行中の安全確認は、視野＋ミラー＋死角の理解により行い、これを安定的にバランスよく行うことで、安全運転が可能であるということである。

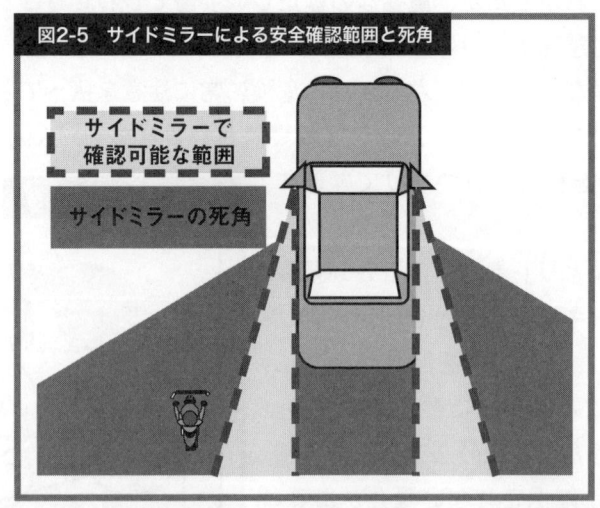

図2-5　サイドミラーによる安全確認範囲と死角

　なお、現実的には110°の視野で常に運転するのは不可能である。あくまでもここでいう110°はポテンシャルというべきもので、常に発揮できるパフォーマンスとしては、これよりもずっと狭い。色の違いを明確に判断できるのが左右30°程度であるということを考えると、実際に確認できる視野の範囲は狭いことになる。また、これは個人差、環境差が大きい。

　ここでは、「パフォーマンス視野」を「ポテンシャル視野」に近づけるための二つのポイントを

示す。それは「集中しない」ことと「動かす」ことである。集中する時に多いのが前方集中である。ここで運転姿勢が重要になる。もともとの運転姿勢が前屈みである、あるいはハンドルと体を近づけた状態でハンドルを握る、などでは運転中の視野が狭まり、注意が前方に集中しやすくなるのである。安全運転習慣として、両肩とシートが付くような姿勢をつくることが、視野が集中せずに、ミラーなどでの安全確認をしやすくするための対策として有効である。

Check! まとめ

- ✓ 正しい運転姿勢で、全ての事故防止に寄与する広めの視野をつくることができる

- ✓ 正しい運転姿勢を保つために、運転中は適宜ミラーで見える範囲がずれていないことで正しい姿勢を確認する。運転後にシートを一番後ろに下げておくことで、運転前の正しい姿勢づくり安全運転習慣につなげる

- ✓ 自分の視野には限界があり、ミラーで補うこと、ミラーには死角があることを理解しておく

2-2-2

速度変化の小さい「定」速運転

概要

主な防止事故	バック事故以外の全ての事故防止に寄与

ねらい	発進時の交差点内の危険や一般道直進中の前車の急減速や急な割り込まれなどの危険を確実に見つける
安全運転習慣の種類	発進時や走行中の加速を穏やかにする
よくあるヒューマンエラーや事故	発進時や渋滞解消時などに速度を上げる際、アクセルを強く踏み込んで急加速し、追突事故を起こす
ドライバー実践マニュアル該当ページ	9ページ

安全運転習慣の概要

　この安全運転習慣は、交差点停止からの発進時や渋滞解消時に、安定速度に入るまでの時間を十分にかけ、1秒ごとの速度変化を5km/h以内に抑えるというものである。

　「定」速運転は「危険を見つける」ためには不可欠の運転である。発進から8秒かけて40km/hに至るドライバーと、発進から3秒程度で40km/hに至るドライバーでは何が違うのか。それは前方を含めた周囲の状況を確認できるかどうかという環境の違いである。速度の差が大きくなると目に入る危険が少なくなって危険を見つけづらくなり、速度変化が小さければ目に入る危険は多くなり見つけやすくなるということである。

▶ 1秒ごとの速度変化5km/h以内に抑える「定」速運転

　「定」速運転とは速度変化を小さくした運転を習慣化することである。重要なことは、この安全運転習慣が運転中で最も時間的に長く活用するということ、また、ドライバー自身の運転態度と密接に関連する項目であるということである。

「定」速運転と「低」速運転は異なる。速度は交通の流れに応じた制限速度内で自由に走行して構わないが、巡航状態、つまり発進から安定速度（一般道路で、例えば40km/h前後）に入るまでの時間を十分にかけることが重要である。具体的には1秒ごとの速度変化を5km/h以内に抑えるということである。そうであれば、発進から安定速度である40km/h程度になるまでに8秒程度かかることになり、これを目安にするとよい。

また、この「定」速運転は、発進時だけでなく、通常の交通の流れの中で速度を変える場合もあてはまる。つまり、交差点前や渋滞場面などから、それが解消されたところで、アクセルを踏み込むような追突事故などに直結しやすい行動は避けるということである。「前が空いたら踏み込む」という習慣は、この「定」速運転習慣で徹底的に抑え込む必要がある。

特に速度変化が大きくなりやすいのは、信号付近と信号の変わり目である。図2-6は、複数企業でのドライブレコーダの記録の解析結果である。トリガー式ドライブレコーダ（急操作が起こるたびにそのイベントを検知・収集）の機能によって、交差点付近での急加速や急ブレーキが多くなっていることが明らかになっている。急ブレーキは他車の動きに起因する操作（他律的行動）かもしれないが、急アクセルは自らの意思によるもの（自律的行動）である。速度変化が大きくなる不安全な運転癖を修正していく必要がある。

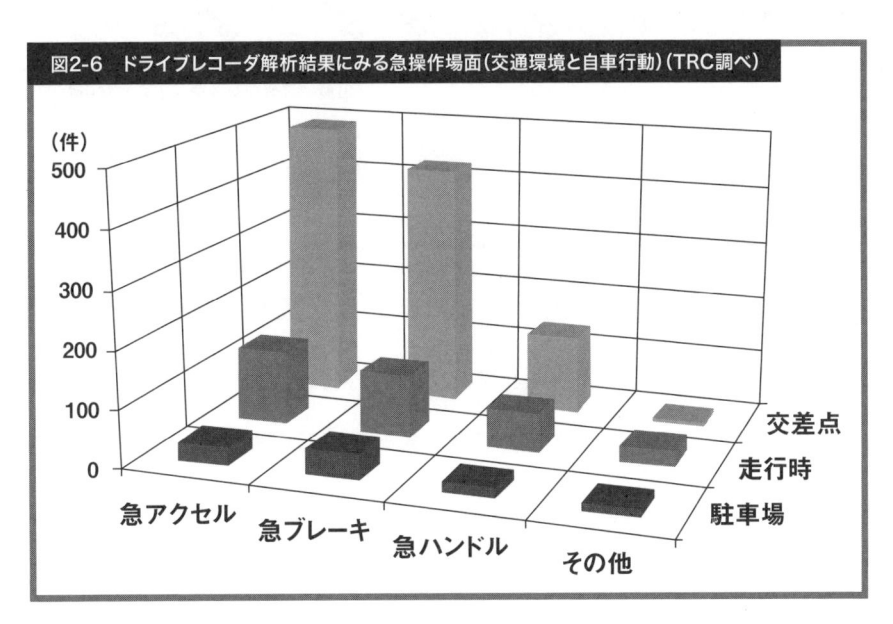

図2-6 ドライブレコーダ解析結果にみる急操作場面（交通環境と自車行動）（TRC調べ）

➡ 「低」速運転は必要条件だが、十分条件ではない

　低速運転は速度超過をしない、あるいは制限速度よりも一段低い速度で走行することを指すが、これにより必ずしも事故を防げるわけではない。実は、交通事故の多くは低速域で起きている（死亡事故は除く）（図2-7）。その理由は走行環境の多くが低速域であり、事故になりやすい過密な交通環境では速度は自ずと制限されるからだろう。また、かえってまわりの交通流（周囲の交通速度）から大きくかけはなれると、事故を起こしてしまうケースもある。

　速度超過をしなければ、そこまでのプロセスは問わないということでは安全運転は担保されない。漫然状態である場合は別として、安全確認は速度変化が大きければ大きいほど不安定になりやすい。低速であれば安全運転になるという考え方ではなく、確実な安全確認を行いやすい環境づくりとして速度変化を小さくすると考えるべきである。低速運転だけでは安全運転になりえないことを理解することが重要である。

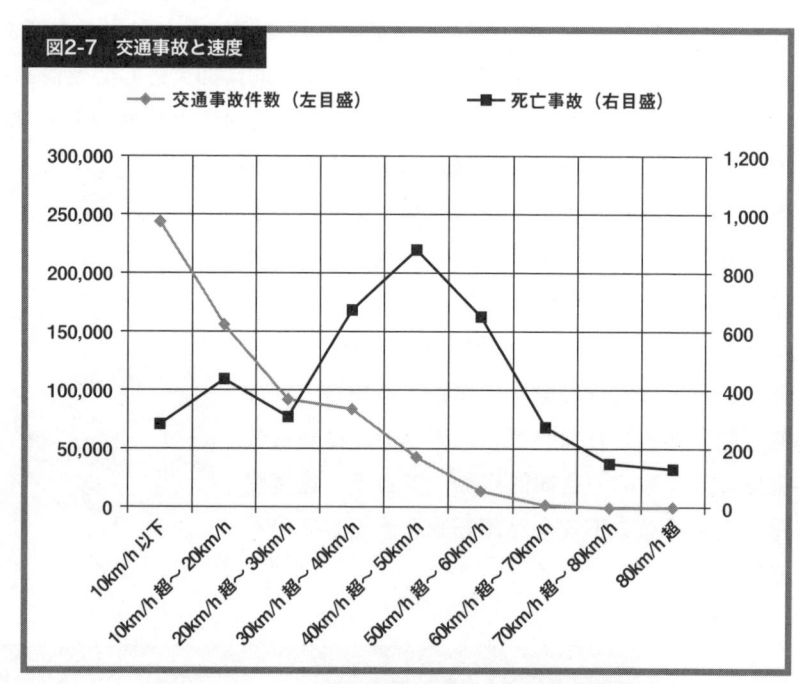

図2-7　交通事故と速度

凡例：交通事故件数（左目盛）、死亡事故（右目盛）

横軸：10km/h以下、10km/h超～20km/h、20km/h超～30km/h、30km/h超～40km/h、40km/h超～50km/h、50km/h超～60km/h、60km/h超～70km/h、70km/h超～80km/h、80km/h超

出典：警察庁交通局「平成23年中の交通事故の発生状況」

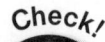

Check! まとめ

- ✓ 急加速しない「『定』速運転」は「危険を見つける」ために重要な安全運転習慣
- ✓ 発進時だけでなく、渋滞解消時など交通の流れの中でも「『定』速運転」をする
- ✓ 制限速度よりも一段低い速度で走行する低速運転だけでは事故防止の効果は高くない

2-3 頻出事故環境下での安全運転習慣

2-3-1

【バック】
バックギアを入れる前の指差し確認

概要

主な防止事故	駐車場・構内でのバック事故 （隣の車や固定物との接触防止）
ねらい	現認とミラー確認（左右・中）の双方を行わないと、バック時の危険が見つけられないことの理解と、安全確認しながらのバックという操作先行を防ぐ
安全運転習慣の種類	駐車スペースおよび周囲の現認、バックギアを入れる前の指差しによるミラー確認
よくあるヒューマンエラーや事故	バック前の駐車スペースの未確認やバックしながらの安全確認で周囲の障害物を見落とし、障害物と接触する
ドライバー実践マニュアル該当ページ	10ページ

安全運転習慣の概要

　駐車場・構内バック時の一つ目の安全運転習慣は、「バックギアを入れる前の指差し確認」である（2-3-2「駐車スペース半分での一時停止と安全確認」とセットになる安全運転習慣）。
　バック事故は事故全体の 21.8％を占め、明らかに対策の優先順位が高い事故パターンである。企業によっては、「バック事故対策」だけの依頼や相談がコンサルティング会社に持ち込まれるこ

とも少なくない。

　この安全運転習慣は、駐車時に「バックギアを入れる前の安全確認」を行うもので、具体的には、駐車スペースや周囲を現認し、バックギアを入れる前にサイドミラーとルームミラーでの安全確認を指差しにより行うものである。次項（2-3-2）で説明する「駐車スペース半分での一時停止と安全確認」とセットの安全運転習慣とすることで駐車時の事故を防ぐことができる。

　バック事故は操舵感覚が分からないことによるもの、例えば、「ハンドルが思ったよりも切れた」や「曲がりながらバックをしたら思った以上に前方が膨らんでしまった」といった運転技能面によるものは少ない。大半はバック前の駐車スペースの未確認や、バックしながらの安全確認で周囲の障害物を見落としたというものである。

　ここでの安全運転習慣では、周囲の未確認やバックギアを入れながら周囲・左右を安全確認するという操作先行を行わせないようにすること、すなわち「見ていなかった」というヒューマンエラーをゼロにすることを目的としている。

➡ バックギアを入れる前の安全確認
〜操作先行をなくすための安全確認タイミング〜

　バック事故を防ぐ第一の安全運転習慣は、バックギアに入れるときそのままの流れでバックせず、バッグギアを入れる前に指差し安全確認を行うことである。

　バックを開始するポジションを決めたら、止まっている状態で左から右へ周囲を現認し、その後で左→右→中の順番でミラーの指差し確認を行う。重要なことは周囲の安全確認を現認した上でミラーでの安全確認を指差しで行うことである。現認だけでは安全確認できないところがあり、ミラーだけでも死角があるので双方が必要なのである。

　最初の現認による周囲の安全確認では奥行きと左右に障害物がないかを確認する。また左右の障害物は隣に駐車をしている車両を含み、その場合は距離感を把握する。最近ではタワーパーキングなども多く、駐車スペースが狭く、タイヤのすぐ脇にポールや駐車の仕切りがあるので注意をしたい。

　さらに、ミラーでの安全確認ではバック開始時にミラーで見られる範囲を把握することも重要である。最初に現認をして奥行きと障害物を確認しているが、ミラーで見た場合には、現認とは異なるスペースやゾーンが見える。このギャップをとらえることが重要である。このギャップが実感できれば「ミラーだけでバックする」「現認だけでバックする」ということが不十分だと分かる。なお、シニア層は運転経験が長いことも影響し、実際にはミラーだけに頼ったバックをしてしまうことも多く事故の原因となっている。

　このように、周囲の現認→左右と中のミラーでの指差し確認を終えてからバックギアに入れることを安全運転習慣とする必要がある。

　また、駐車場・構内でのバック事故は、ほぼ全て消滅し得るものと考えて対策に取り組みたい。なぜならば、このパターンの事故は、ドライバー自身がバックギアに入れて、自らバックを始めてから起こるものであり、ほとんどの場合、他車の動静を安全確認した上で行動を決めることができるからである。

指差し確認の狙いと方法

　この安全運転習慣では「指差し確認」を取り入れた。この狙いは二つあり、一つは指差しのタイミングをつくることにより、バック開始位置を決めてからバックを開始するまでの間、一呼吸置くことができ、少なくともバックをしながらの安全確認を防げることである。また、もう一つは、アクションスキーマトリガー（ある動作を発端に、考えなくても自動的に動作が連続すること）の考え方である。指差しをすることで左右安全確認をきちんと終え、最後のミラー安全確認をするという行動習慣に結び付けてもらいたいという狙いである。

　車の運転における事故防止の観点で指差し確認を効果的に活用するには、①自車が静止した状態で、②基本的には動いているものには指差し確認をしない（静止物・固定物などに対して行う）ことが重要である。工場などでは作業がフローどおりできているかといった事後安全確認として指差し確認を行うこともあり有効だが、車の運転では意味がないため、事前の安全確認としたい。

　指差し確認で注意したいのが、指差しだけが目的化し、「何はともあれ指差しをすれば安全確認したことになる」といった考え方である。また、「慣れ」により、指差し確認の時にミラー安全確認と周囲安全確認を一緒に行うことも出始める。この場合の「慣れ」とはバック時に周囲の安全確認をやらなくても接触することなく入庫できたという不安全な成功体験の積み重ねである。特に難しい場面ではなく、むしろ止め慣れた駐車場・構内で事故が起きるのはこのような「慣れ」が大きく影響していると考えられる。

　こうした安全運転習慣（バックギアを入れる前の指差し確認）によってカバーできるリスクの適応範囲は、バック開始から、左右の曲がりを経て車が真っすぐになるまでと考えるのが妥当である。車が真っすぐになった状態から最後の停止位置を決めるまでには、さらに安全確認が必要となる。これについては「2-3-2 駐車スペース半分での一時停止と安全確認」で説明する。

バック入庫を前提

　駐車場・構内によっては「頭から入れてください」といった表記があるが、それ以外は原則バックで入庫する必要がある（図2-8）。複数の事業者でのバック事故を分析したところ、3分の1から半分程度は不安全な出入庫（頭から入庫、バック出庫）だった（図2-9）。こうした現状を修正する必要がある。

　バック入庫を推奨する理由は、事故の「頻度」というより「大きさ」の観点からである。バック出庫とバック入庫では、事故になった場合の対象物が大きく異なる。バック入庫では、70％近くが静止物との接触であるのに対し、バック出庫では60％近くが車両との接触事故である（図2-10）。バック入庫では、ほとんどのケースが進路に駐車車両や車止めなど静止物しか存在しないが、バック出庫では進路に移動中の他の車や歩行者が存在し、自分の都合どおりに動いてはくれない上、接触した場合は事故の程度が大きくなりやすい（図2-11）。もちろん、静

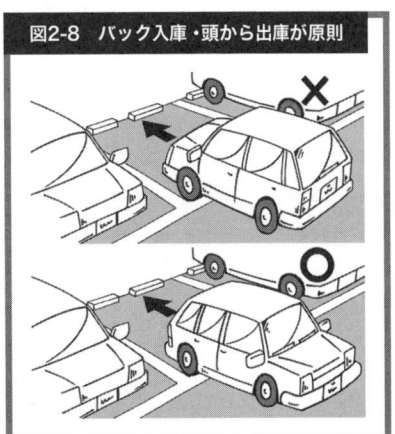

図2-8　バック入庫・頭から出庫が原則

止物との接触（自損事故）を許容するということではないが、人身事故などの重大事故に転化させないという意味でもバック入庫を原則とする必要がある。

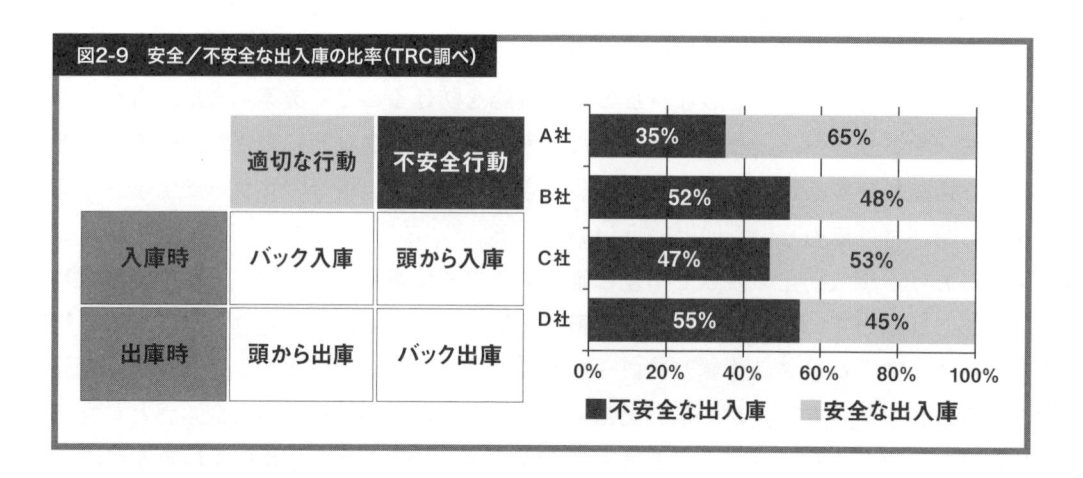

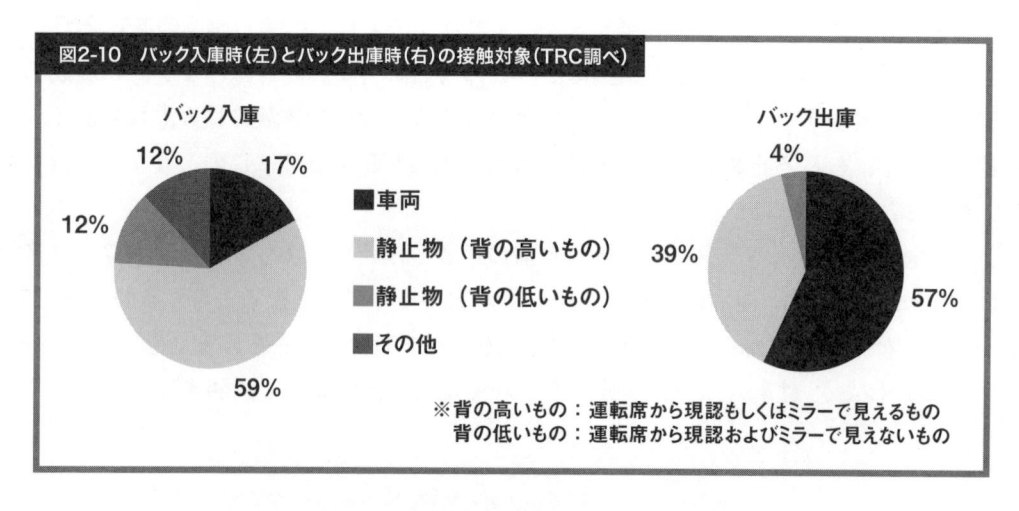

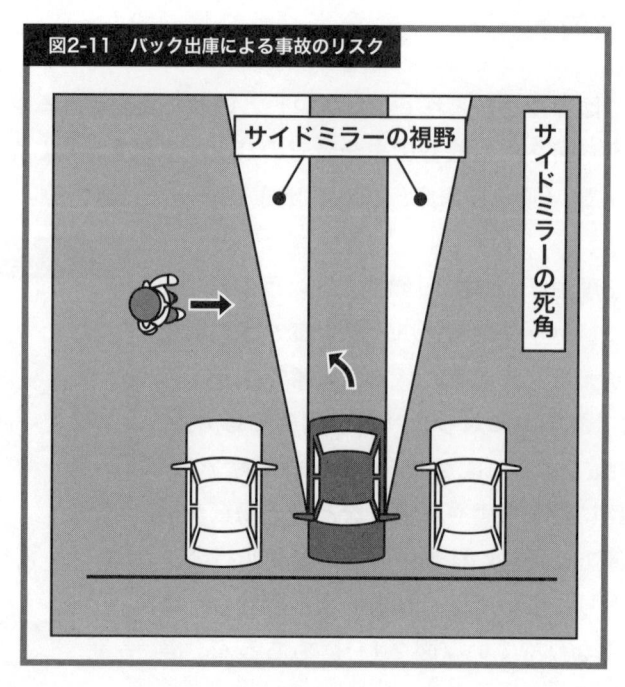

図2-9 安全／不安全な出入庫の比率(TRC調べ)

	適切な行動	不安全行動
入庫時	バック入庫	頭から入庫
出庫時	頭から出庫	バック出庫

- A社：不安全な出入庫 35%／安全な出入庫 65%
- B社：不安全な出入庫 52%／安全な出入庫 48%
- C社：不安全な出入庫 47%／安全な出入庫 53%
- D社：不安全な出入庫 55%／安全な出入庫 45%

図2-10 バック入庫時(左)とバック出庫時(右)の接触対象(TRC調べ)

バック入庫
- 車両 17%
- 静止物（背の高いもの） 59%
- 静止物（背の低いもの） 12%
- その他 12%

バック出庫
- 車両 57%
- 静止物（背の高いもの） 39%
- 静止物（背の低いもの） 4%

※背の高いもの：運転席から現認もしくはミラーで見えるもの
　背の低いもの：運転席から現認およびミラーで見えないもの

図2-11 バック出庫による事故のリスク

サイドミラーの視野／サイドミラーの死角

Check! まとめ

- ✓ 入庫時は、駐車スペースや周囲の現認＋ミラーでの指差し確認が完了してから、バックする

- ✓ ミラーには死角があることを忘れない

- ✓ 入庫はバック、出庫は前進が原則。前向き駐車は、出庫時にバックとなり、人や車などとの接触事故の危険が高まる

2-3-2
【バック】駐車スペース半分での一時停止と安全確認

概要 | **主な防止事故**：駐車場・構内でのバック事故
（隣の車や固定物との接触防止）

ねらい	停止と最終安全確認で駐車の仕上げを確実にする
安全運転習慣の種類	駐車場スペース半分位置まで後退した際の停止と、最終停止位置の安全確認
よくあるヒューマンエラーや事故	バック開始時の安全確認で安心してしまい、最後の停止位置の安全確認をせず、停止位置の調整に失敗し、障害物などと接触する
特記事項	駐車場・構内バック事故では車の真後ろの接触が最も多く、停止位置の調整不足が考えられる
ドライバー実践マニュアル該当ページ	12ページ

安全運転習慣の概要

　駐車場・構内バック時の二つ目の安全運転習慣は、「駐車スペース半分での一時停止と安全確認」である。白ナンバー営業車の事故分析結果では、約30％が車両真後ろを接触している（図2-12）。これはバック開始から車が真っすぐになるまでの間は問題なかったが、その後の最後の停止位置の調整に失敗していると考えられる。これを防止するため、駐車スペースの半分での一時停止と安全確認が必要である。さらに、一旦停止を行った上で、停止位置の安全確認を確実に行う必要がある。

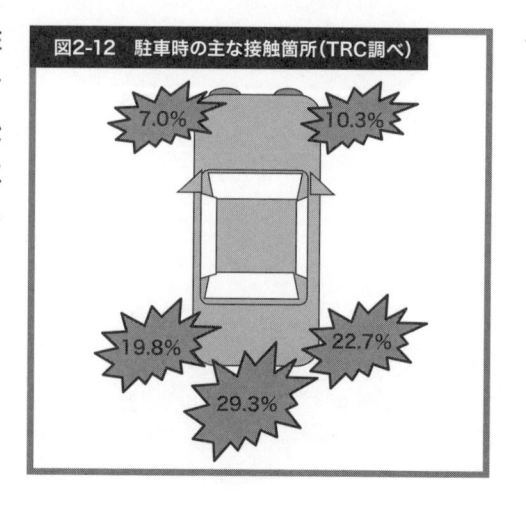

図2-12　駐車時の主な接触箇所（TRC調べ）

7.0%　10.3%
19.8%　22.7%
29.3%

➡ 駐車スペース半分での一時停止

　この安全運転習慣は簡単に言えば、「一気にバックしない」ということである。車が駐車スペースに半分ほど入った段階で一時停止し、駐車位置までの距離を確認してから駐車の仕上げをする安全運転習慣をつける（図2-13）。バック開始時だけではなく最後の調整まで、操作先行にならないようにするということである（図2-14）。

図2-13　駐車の仕上げ　一時停止と安全確認

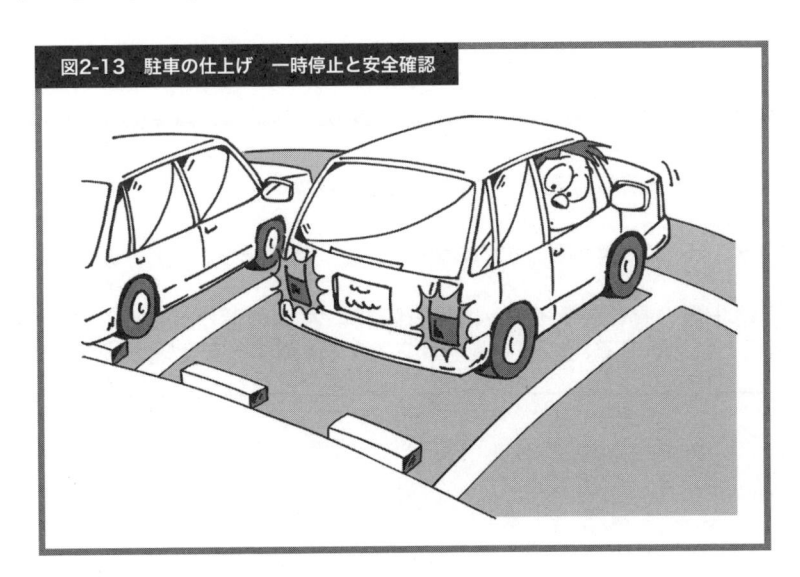

図2-14　駐車時の安全運転習慣の流れ

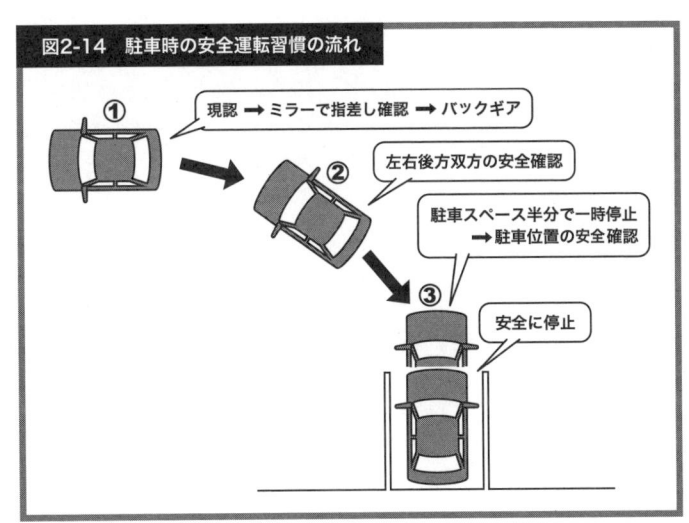

① 現認 ➡ ミラーで指差し確認 ➡ バックギア
② 左右後方双方の安全確認
③ 駐車スペース半分で一時停止 ➡ 駐車位置の安全確認
安全に停止

　多くのドライバーで散見されるのは、車が真っすぐになった後、車止めに向かって一気にバックするという状況である。操作先行はバック開始時だけでなく、最後でも生じているという点を留意したい。バック開始時の安全運転習慣（2-3-1）と最終停止時の安全運転習慣の双方により操作先行をしないようにすることでバック事故の大半は防げる。

　バックの最後の仕上げ部分は、車両感覚に依存する場合が少なくないが、事故の主な原因が車両感覚などの技能面であるとすれば、運転経験年数が長くなるほど事故は減るはずである。しかし、実際にはどの年齢層でも事故が一定程度発生している。

　実は、運転経験年数が長くなることでついてしまう不安全な運転癖もある。具体的にはバック時

の安全確認が操作先行までには至ってないが、片方に安全確認が集中してしまうということである。例えば右からバックする場合には左後方しか見ていないといったことである。

　バック時の安全確認は開始と最終の操作先行を防ぐことと、特に車が曲がっている状態での安全確認に偏りがないことが求められる。このことは運転技能というよりも不安全な運転癖であり、運転経験が長いからこそチェックが必要な点と言える。

> **Check! まとめ**
> - ✓ バックに入る前の確認だけでは事故は防げない
> - ✓ 駐車スペースに対し真っすぐになってから一時停止して停止位置や障害物を確認する
> - ✓ 経験年数の長いドライバーは後方確認に左右の偏りが生じるなどの癖がついていることがあるので、左右・中をバランスよく確認する安全運転習慣をつける

2-3-3

【赤信号停止】サイドブレーキの活用

概要

主な防止事故	信号がある交差点での追突事故
ねらい	発進時の操作先行防止、脇見・「ながら運転」（停止時の携帯電話使用・書類確認など）によるフットブレーキの緩み防止
安全運転習慣の種類	交差点などでの停止時にサイドブレーキを引く
よくあるヒューマンエラーや事故	停車中に、携帯電話や書類を見るなど「ながら運転」をすることにより、フットブレーキが緩み、車が動き出して前車に追突する
ドライバー実践マニュアル該当ページ	14ページ

安全運転習慣の概要

　この安全運転習慣は、信号がある交差点で停止する際や、信号以外でも停止して前方から目を離すときは、停止時間にかかわらずサイドブレーキを引くというものである。

　停止時にサイドブレーキを引く安全運転習慣が必要な理由は大きく二つある。一つはヒューマンエラーとなりやすい、連続して1度に複数を安全確認するという環境を、サイドブレーキ活用で断ち切ることである。すなわち発進タイミングを遅らせ、安全確認の時間をつくるということである。もう一つは停止中の脇見・「ながら運転」などのリスクを自ら引き込まないようにするためである。サイドブレーキの活用はフットブレーキの緩みによる追突事故を防止する効果もある。

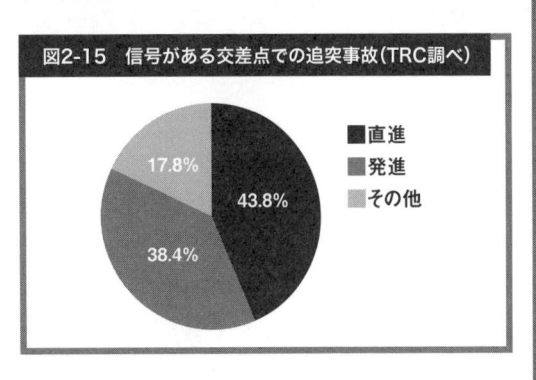

図2-15 信号がある交差点での追突事故(TRC調べ)

直進 43.8%
発進 38.4%
その他 17.8%

　信号がある交差点での追突事故は、青信号（黄信号への変わり目含む）通過時と赤信号からの発進時がそれぞれ、約40%を占める（図2-15）。発進時の事故はこのサイドブレーキの安全運転習慣で防止できる。なお、通過時の事故防止は、「安全運転習慣の基礎」で示した「2-2-2 速度変化の

小さい「定」速運転」と「2-3-5 アクセルから足を離すこと」（交差点通過時は加速しない）が適用される。

➡ 連続場面を断ち切るためのサイドブレーキ活用

　赤信号で止まった場合は、停止時間のいかんを問わず、フットブレーキに加えてサイドブレーキを引くようにする。発進時は、信号を確認し、前車（前方）および交差点内を確認した上で、サイドブレーキを解除し、発進するようにする（図2-16）。また、信号以外でも、停止時、前方から目を離す時には同様に行う。社用車では、停止時に助手席に置いた資料を確認するといった不安全行動がとられがちだが、フットブレーキだけの場合は、助手席に手を伸ばした際にブレーキが緩んで追突事故につながる。信号停止時と、信号以外でも停止して前方から目を離す際のサイドブレーキ活用はセットで考えたい。

　なお、この安全運転習慣で大事なことは、停止時間にかかわらず行うことである。これは、「停止時間が短い信号や信号が青に変わりそうな状態は除く」といった例外をつくってしまうと安全運転習慣づけが難しくなるためである。習慣づけの際には状況によりどちらでもよいという余白は残さないほうがよい。

　また、フットブレーキだけで停止している状態は運転中であるという認識を持たせることも重要である。多くのドライバーは、フットブレーキだけでも停止しているのだから同じと考えるかもしれないが、ブレーキが緩むことで車が進んでしまうということは運転中なのである。要は、運転操作を行う手足がハンドル、アクセル、ブレーキから離れた状態が運転操作をしていない状態と考えるのが妥当である。この認識をドライバーに持たせることが、サイドブレーキ活用の安全運転習慣につながると考える。

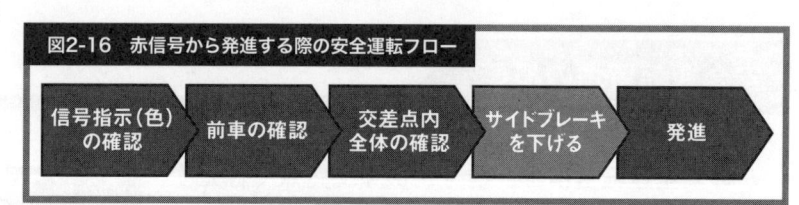

図2-16　赤信号から発進する際の安全運転フロー

信号指示（色）の確認 → 前車の確認 → 交差点内全体の確認 → サイドブレーキを下げる → 発進

➡ 不安全な車内環境をつくらない

　サイドブレーキ活用の理由の一つとして、脇見・「ながら運転」といったリスクを自ら引き込まないことを挙げた。上記で説明したとおり、フットブレーキだけの停止は運転中であり、この状態で書類や携帯電話を見るなど別のタスクを取り込むのは、まさに脇見・「ながら運転」になるということである。

　ただし、それ以前に大切なこととして、車内が脇見・「ながら運転」を助長するような環境になっていないかということである。

　まず、脇見・「ながら運転」の最たる原因となるのが携帯電話である。これを車内のどこに置いているかで、そのドライバーの脇見・「ながら運転」のリスクが分かる。置き場所としては次のように想定される。

① ドライバーの着衣の中にある（胸ポケット、上着の内ポケット、ズボンのポケットなど）
② 手の届く範囲にある（ドリンクホルダー、助手席など）
③ 手の届かない範囲にある（バックに入れて後部座席に置いてあるなど）

①②は脇見・「ながら運転」のリスクを自ら引き込むことになる。携帯電話を走行中に使うのは論外であり違反行為である。方法としては③が望ましく、着信などがあった場合に分かるようにしておくことは問題ないが、後部座席など手の届かない範囲に置いておく。着信があれば、安全な場所で停止してから電話を使うようにする。

また、携帯電話に限らず車内に持ち込む身の回り品があれば全てを一つのバスケットなどに入れて後部座席（の下側）に置くことを勧めたい（図2-17）。脇見・「ながら運転」の誘発要因をなくせるし、物を探したり、持ち忘れたりすることも防げる。バスケットは後部座席の下側のスペースに入るサイズのものを調達するとよいだろう。

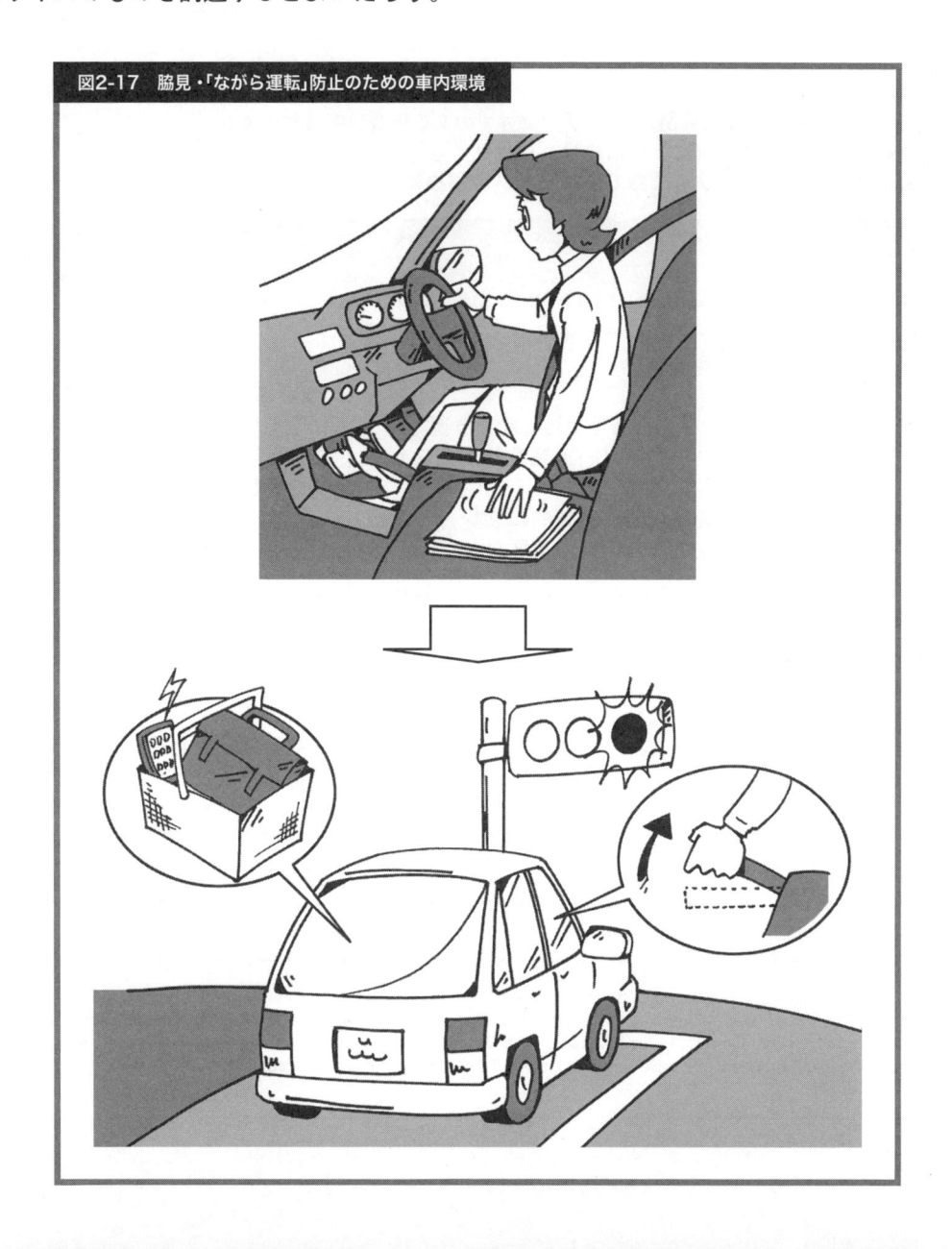

図2-17 脇見・「ながら運転」防止のための車内環境

Check! まとめ

- ✓ 信号停止時やそれ以外の停止時も含め、サイドブレーキを引く
- ✓ フットブレーキだけによる停止は運転中という意識づけをする
- ✓ 脇見・「ながら運転」を助長する車内環境をつくらない（携帯などの身の回りの物は、運転中に手の届かない場所へ置いておく）

コラム

運転中の携帯電話の事故リスク（海外でのある調査研究結果による）

● 運転中の携帯電話使用により事故リスクは高くなる
● 片手持ちとハンズフリー通話で事故リスクは同程度である

	調査1 ドライビングシミュレータを用いた運転状況測定	調査2 実際に発生した事故を分析
調査方法	ドライビングシミュレータを利用して、15分間のドライブを体験 ①通常運転 ②携帯電話を片手に持って通話しながら運転 ③携帯電話のハンズフリー通話を利用しながら運転 異なる3種類の状況で、断続的にブレーキを踏みつつ前方を走る車への反応速度などを測定	2002年4月から2004年7月に負傷に至る事故について、事故状況や携帯通話記録、事故惹起者へのヒアリングを実施
調査対象	運転免許を所持する米国内の22～34歳の男女40名	2002年4月から2004年7月に負傷に至る事故を起こした456人
結果	運転中に携帯電話を片手に持って通話した場合や、ハンズフリー通話を利用した場合はいずれも、通常運転時と比較して、次の結果が得られた。 ・ブレーキペダルを踏む反応速度が9％低下 ・一定の車間距離を保つ能力が24％低下 ⇒携帯電話の使用は、通常時に比べて事故リスクが悪化する。 ⇒リスクの悪化度合いは、片手持ちとハンズフリーで有意的な差はない。	事故の状況やそれまでの運転中の携帯電話使用状況から、事故発生率が約4～5倍悪化することが分かった。 ・片手持ち使用では4.9倍 ・ハンズフリー使用では3.8倍

出典：David L. Strayer, Frank A. Drews, and Dennis J. Crouch, "A Comparison of the Cell Phone Driver and the Drunk Driver," *Human Factors*, Vol.48, No. 2 (Summer 2006) , pp. 381–391; Suzanne P McEvoy, Mark R Stevenson, Anne T McCartt, Mark Woodward, Claire Haworth, Peter Palamara, Rina Cercarelli, "Role of mobile phones in motor vehicle crashes resulting in hospital attendance: a case-crossover study," *British Medical Journal*, Vol.331 (July 2005) .

2-3-4 【相手車優先・交差点】二段階停止と安全確認

概要		
主な防止事故		相手車優先時の信号のない交差点進入・通過の際の車、バイク、自転車などとの出合い頭事故
ねらい		二段階停止により、左右安全確認のための十分な時間を確保し、安全確認精度を上げる
安全運転習慣の種類		停止線と交差点進入口で二段階停止し、安全確認する
よくあるヒューマンエラーや事故		交差点手前の停止線で停止せず、交差点入口付近で停止して、交差点通過に必要な安全確認を全て行おうとすることで、危険の確認漏れや遅れが生じ、出合い頭事故を起こす
特記事項		「不安全な成功体験」の蓄積から、出合い頭事故はシニア層に多い
ドライバー実践マニュアル該当ページ		16ページ

安全運転習慣の概要

　信号のない交差点での接触事故、いわゆる出合い頭事故は多い。この事故は、年齢による事故傾向がはっきりと分かれ、年齢層別に自車の優先・非優先をみると、シニア層では相手車優先時の事故が多く、若年層では逆に自車優先の事故割合が多くなっている（図2-18）。

　このケースでは、自車優先と相手車優先に分けて考える必要があり、本項では相手車優先時の、次項（2-3-5）では自車優先時の事故防止ための安全運転習慣を考える。

　相手車優先の場合、すなわち自車が非優先時に信号のない交差点へ進入する際は、二段階停止の安全運転習慣が有効である。二段階停止は停止線の前で確実に停止した後、左右の安全を確認の上、徐行で進入口まで進み、進入口で再度停止し、あらためて安全確認をした上で、交差点に徐行して進入するという安全運転習慣である。交差点では安全確認すべき安全箇所が多いため、二段階停止することで余裕を持って安全確認することを目的としている。

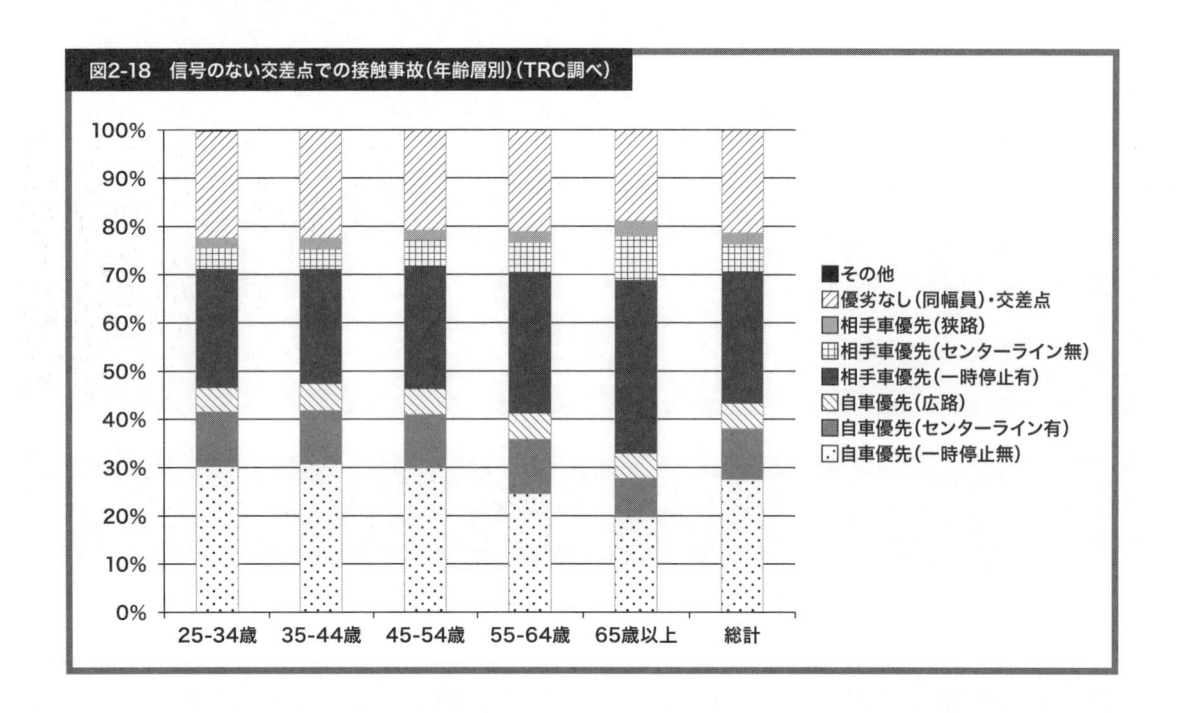

図2-18 信号のない交差点での接触事故(年齢層別)(TRC調べ)

凡例:
- その他
- 優劣なし(同幅員)・交差点
- 相手車優先(狭路)
- 相手車優先(センターライン無)
- 相手車優先(一時停止有)
- 自車優先(広路)
- 自車優先(センターライン有)
- 自車優先(一時停止無)

横軸: 25-34歳、35-44歳、45-54歳、55-64歳、65歳以上、総計

➡ 「不安全な成功体験」の蓄積

　相手車優先道路での出合い頭事故の原因は合流地点での一時停止と安全確認の省略・不徹底が考えられる。一時停止の省略などリスクの高い不安全な運転癖があれば、過去の「不安全な成功体験」の積み重ねから形成されたと考えるべきである。「不安全な成功体験」とは、安全確認を行わなくても安全に走行ができた（事故に遭わなかった）という経験である。不安全な運転癖には次の二つのケースが考えられる。

不安全な運転癖①　＜危険認知への影響＞
　　危険を積極的に見に行かず、結果として周囲の危険への察知、認知が遅れる

不安全な運転癖②　＜危険認識への影響＞
　　危険があるかもしれないと思いながらも、いつも危険がなかったという経験から危険認識が
　　甘くなり、結果として危険への対応や判断が遅れる

　この二つの不安全な運転癖に共通することは、速度や車間距離には影響はしない、すなわち運転の荒さとなって出現するようなものではなく、他車（あるいは他者）への対応という部分に影響しやすいことである。そして、最も影響しやすいのが信号のない交差点での非優先時と言える。交差点は交通が混交する場所であり、いやがおうでも他車（あるいは他者）との交わりがある。ところがこれらの不安全な運転癖により他車への関心が薄れてしまうと、安全確認は雑になってしまう。
　シニアになるにつれて他車優先時の事故が増えている要因の一つとして視力などの機能低下も推察されるが、運転経験の長さからくるこれらの不安全な運転癖の影響も大きいと考えられる。当然のことながら、機能低下がないかのチェックは必要だが、併せてこの安全運転習慣づけで不安全な運転癖を修正する必要がある。

シニア層で高い「相手車優先時の交差点通過」時の事故

　相手車優先時の交差点通過は不安全行動が生じやすい。不安全行動で想定される最も多いパターンは、停止線で止まらず（この時点で交通ルール違反）、進入口まで徐行も十分ではないまま入り、進入口付近で危険や異常を一度に発見して対応しようとするものである。しかし、交差点進入のための安全確認全てを進入口付近でいっぺんに行おうとすると、左右からくる車や自転車などへの危険回避が遅れる。相手車優先時の交差点通過は連続する複数の安全確認をしなければならない箇所の代表である。

　本来、この安全確認は停止線から進入口までの間で確実に行うものである（図2-19）。具体的には停止線で停止し、進入口まで徐行する。この間にも左右安全確認はできる。さらに、見通しの悪い環境では、進入口付近の状態はその付近まで行かなければ分からないので、そこでもしっかりと停止をした上で左右の安全確認をしてから進入する。このように停止線と進入口の2カ所で停止を行うことで、停止線から進入口までの間で十分時間ができ確実に安全確認ができる。

　ただ、前述したように、不安全な成功体験を積み重ねると、交通ルール違反ではあるが、まずは停止線での停止を無意味と感じてしまう。そもそも交差点では進入口に危険が集中しているために、そこでの安全確認をすればよいと考えがちになりやすいが、それに、実際に進入口付近で左右からの危険が何もないという経験の積み重ねが追い打ちをかけ、やはり停止線での停止は意味がないと思ってしまうためである。

　しかし、信号のない交差点では、進入口での安全確認だけでは左右への注意時間が少なくなり、見落としが生じる可能性が高い。また、危険を認知できたとしても、既に進入口に来てしまっているため、対応に遅れが出る可能性も高い。ヒューマンエラーを防ぐには、安全確認行為そのものも重要だが、安全確認のための準備をして安全確認精度を高く安定させることが重要である。

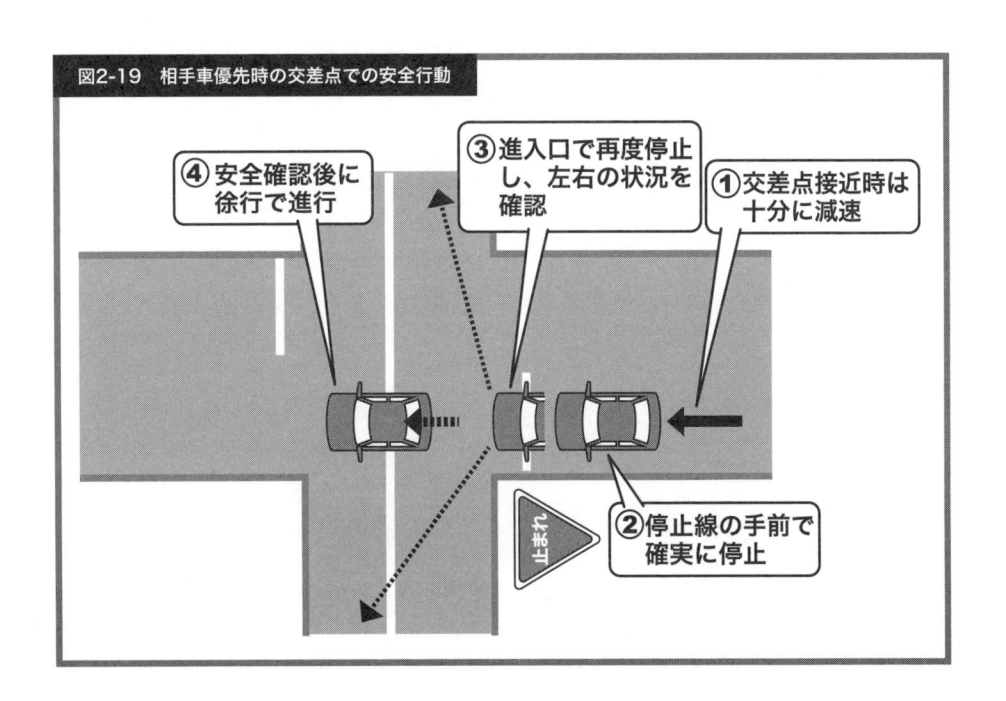

図2-19　相手車優先時の交差点での安全行動

① 交差点接近時は十分に減速
② 停止線の手前で確実に停止
③ 進入口で再度停止し、左右の状況を確認
④ 安全確認後に徐行で進行

Check! まとめ

- ✓ 不安全な成功体験の積み重ねが不安全行動を生む。この傾向は特にシニアに出やすい
- ✓ このことが最も影響しやすいのが相手車優先時の交差点進入である
- ✓ 交差点進入口での確認だけでは見落としの可能性が高くなる
- ✓ 停止線と進入口の2カ所で停止する「二段階停止」で安全確認のための時間を確保して確認の精度を上げる

2-3-5

【自車優先・交差点】アクセルから足を離すこと（ブレーキペダルに足を乗せる）

概要	主な防止事故	自車優先時の信号のない交差点進入・通過の際の車、バイク、自転車などとの接触事故
	ねらい	自車優先時の事故は相手側の過失が大きいが、それでも積極的に危険を見つけて対応することで事故を防止する
	安全運転習慣の種類	交差点通過時はアクセルから足を離して、ブレーキペダルに足を乗せる
	よくあるヒューマンエラーや事故	自車優先時の交差点通過の際に、脇から出てきた車やバイク、自転車、歩行者などを見つけるのが遅れて、接触事故を起こす
	特記事項	自車優先時の接触事故は若年層に多い
	ドライバー実践マニュアル該当ページ	18ページ

安全運転習慣の概要

　この安全運転習慣は、自車優先時の信号のない交差点進入・通過の際にアクセルから足を離して、ブレーキペダルに足を乗せるというものである。自車優先時は文字どおり優先であるため停止義務はなく、事故は相手の過失であることが多い。しかし、事故を防ぐためには、できるだけ危険を見つける必要があり、加速せずかつブレーキへの対応も比較的早くできるこの安全運転習慣が有効となる。自車優先時の交差点進入・通過の際の接触事故は、特に若年層に多いという特徴が出ている。

➡ もらい事故も防ぐという姿勢が大事

　自車が優先の場合、交差点手前での停止義務はなく、手前に停止線もない。したがって前項の相手車優先時の安全運転習慣は適当ではない。むしろ、自車優先時に停止などをすると後続車からの追突リスクが上がってしまう。
　また自車優先時の出合い頭事故は相手車優先時に比べ事故は少ないが、実際に起きやすい事故パ

ターンは相手車優先時のものとそれほど変わらない。最も大きな違いは、自車優先時は相手側の過失が大きいということである。このため、いわゆる「もらい事故」のようなものが多く、「対策のしようがない」ようにも思われるかもしれないが、事故として相当程度の件数が発生している以上、これも重点対策の対象として考えるべきである。

➡ 積極的に危険を見つけにいく

　自車優先時の交差点通過時は、進入から通過までは加速をしないことが重要である。そのためにはアクセルペダルから足を離して、ブレーキペダルに足を乗せておく。これにより、多少のエンジンブレーキも効いて、車が減速状態に入る。アクセルペダルに足が乗った状態では、アクセルを踏み込んでいなくても、もし左右からの危険を察知した場合にはブレーキへの対応が遅れてしまう。加速をせず、いつでも停止できる準備の状態をつくるのがこの安全運転習慣のポイントである。これにより、積極的に左右、周囲の危険を発見する準備ができる。この安全運転習慣は自ら危険を見つけにいくための環境づくりであることを強調したい。

　この事故パターンでは、危険への関心がキーワードである。「自車は速度を守り、車間距離も詰めてなく、停止義務もないので、そのまま通過した」という場合でも事故は発生する（図2-20、図2-21）。これは特に自身に過失があるわけではなく、見た目では安全運転ができている。しかし、注意を払って危険を積極的に見にいくという観点では必ずしも十分ではない。これは、信号のない自車優先道路などでの事故防止を考える上で重要な観点である。

　このように、信号のない交差点での進入時、まず加速しない、そのためにアクセルペダルから足を離してブレーキペダルに足を乗せておく、このとき、周囲、左右の安全確認をするという流れが安定すれば（図2-22、図2-23）、見た目だけではなく本質的な安全運転を行っていることになる。

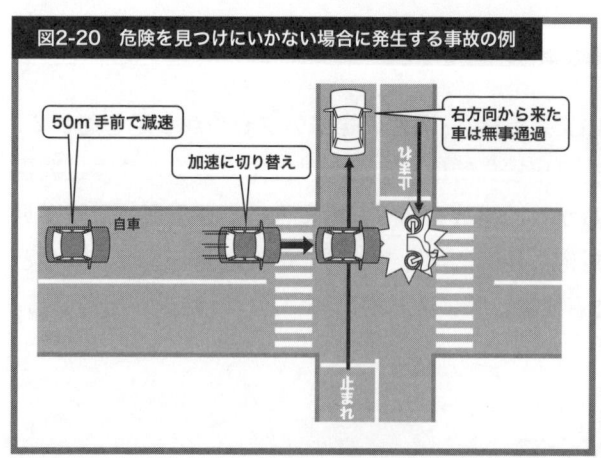

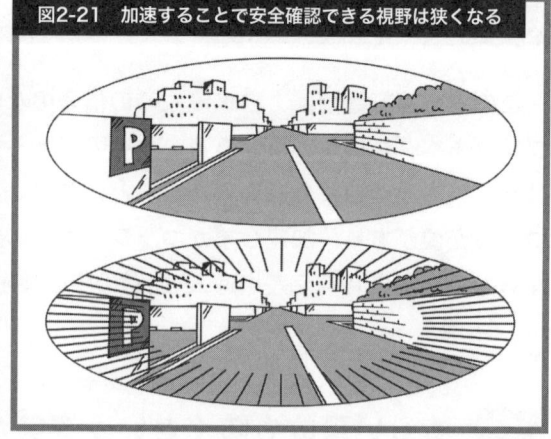

図2-20　危険を見つけにいかない場合に発生する事故の例

図2-21　加速することで安全確認できる視野は狭くなる

※交差点の右方向から来た車に気づき50m手前で減速。
　その後、加速したところ、左方向から来たバイクと接触。

2-3-5

【自車優先・交差点】アクセルから足を離すこと（ブレーキペダルに足を乗せる）

図2-22 自車優先時の交差点通過の際の本質的な安全運転

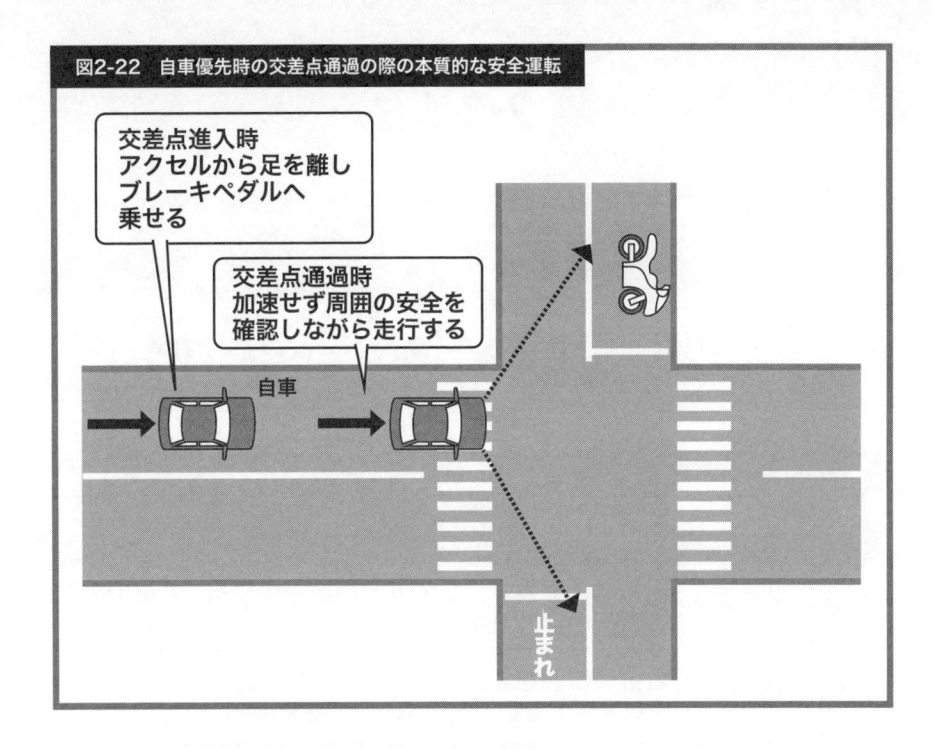

- 交差点進入時 アクセルから足を離しブレーキペダルへ乗せる
- 交差点通過時 加速せず周囲の安全を確認しながら走行する

自車

止まれ

図2-23 ブレーキペダルへ足を乗せ替える

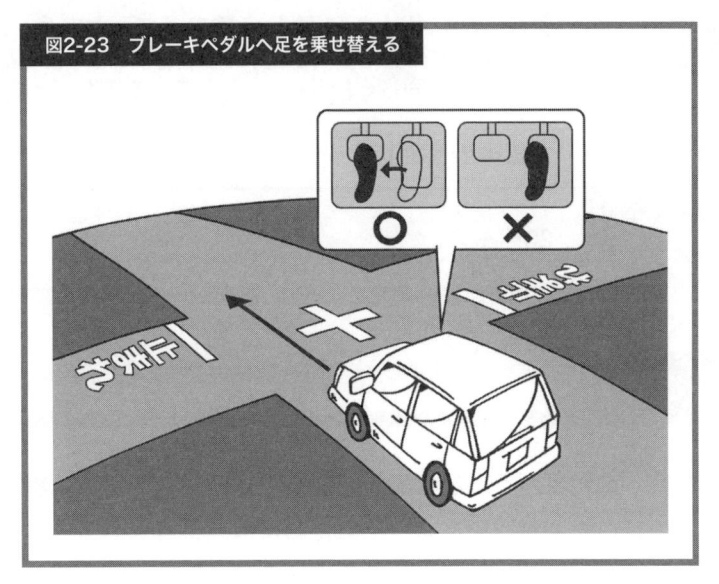

○ ×

さ先優 先優車自

Check! まとめ

- ✓ 自車優先時の信号のない交差点での接触事故は相手の過失によることが多い
- ✓ しかし、もらい事故を減らす観点から、積極的に危険を見つけにいく
- ✓ 交差点通過時はアクセルペダルからブレーキペダルに足を乗せ替え左右や周囲の危険を見つけにいくことを習慣づける

2-3-6

【右折】
ショートカットではなく回るような右折

概要 主な防止事故	交差点右折時の歩行者、自転車、車、バイクなどとの接触事故
ねらい	右折時に必要な複数の安全確認を十分行うための時間を確保できる右折の仕方を身につける
安全運転習慣の種類	右折の軌跡を大きくとる回るような右折、ハンドルの二段階操作、一点に集中しないバランスの良い安全確認
よくあるヒューマンエラーや事故	ショートカット右折により、危険の認知漏れが生じたり、横断歩道右手からの歩行者などの動きに注意集中してしまったりすることで、例えば前方で同じく右折しようとしている車などと接触する
特記事項	右折機会は左折より少ないが、事故は左折時より多い
ドライバー実践マニュアル該当ページ	20ページ

安全運転習慣の概要

　右折時は安全確認を行う箇所が多く、最も難しい運転操作の一つである。事故防止ために重要なのは右折中のバランスの良い安全確認である。そのためには、ショートカットではなく回るような右折、二段階のハンドル操作、バランスの良い安全確認の運転習慣が有効である。

　もともと右折場面は左折と比べてそれほど多くなく、走行場所にもよるが、右折は2時間程度の走行で4〜5回程度というのが多い。しかし、右折時の事故は全体の4％を占め（図2-1：29ページ）、左折よりも多い。要は、右折時は機会が少ない割に事故が多く、リスクは高い。

➡ 回るような右折とショートカット右折

　この場面では、右折時に開始から終了までを最短距離で行くショートカット右折をせず、「回る右折」を行う必要がある。「回る右折」とは、適切な軌跡での右折を指す。ショートカットの右折は図2-24にあるように、右折を始める箇所から右折が終わる箇所までを最短距離で走行すること

である。「回る右折」は図((a)信号あり交差点)にあるように右折する箇所を右折後の第一車線(片側二車線道路の場合の歩道側の道路)に合わせ、ハンドルをゆっくり回し、ハンドルが半分程度切れた状態で回すのを止め、周囲の安全確認をして、さらに残りのハンドルを回すという方法である。ここでのポイントは次の二つである。

　①右折開始から終了までの距離を短く合わせないこと
　②右折開始後は一気に右折せず、半分程度でハンドルを止め、周囲安全確認のタイミングをつくること

　ここで感覚として分かりにくいのが①の「距離を短く合わせないこと」である。片側一車線道路から右折して片側二車線道路に出る場面を想定し解説する。

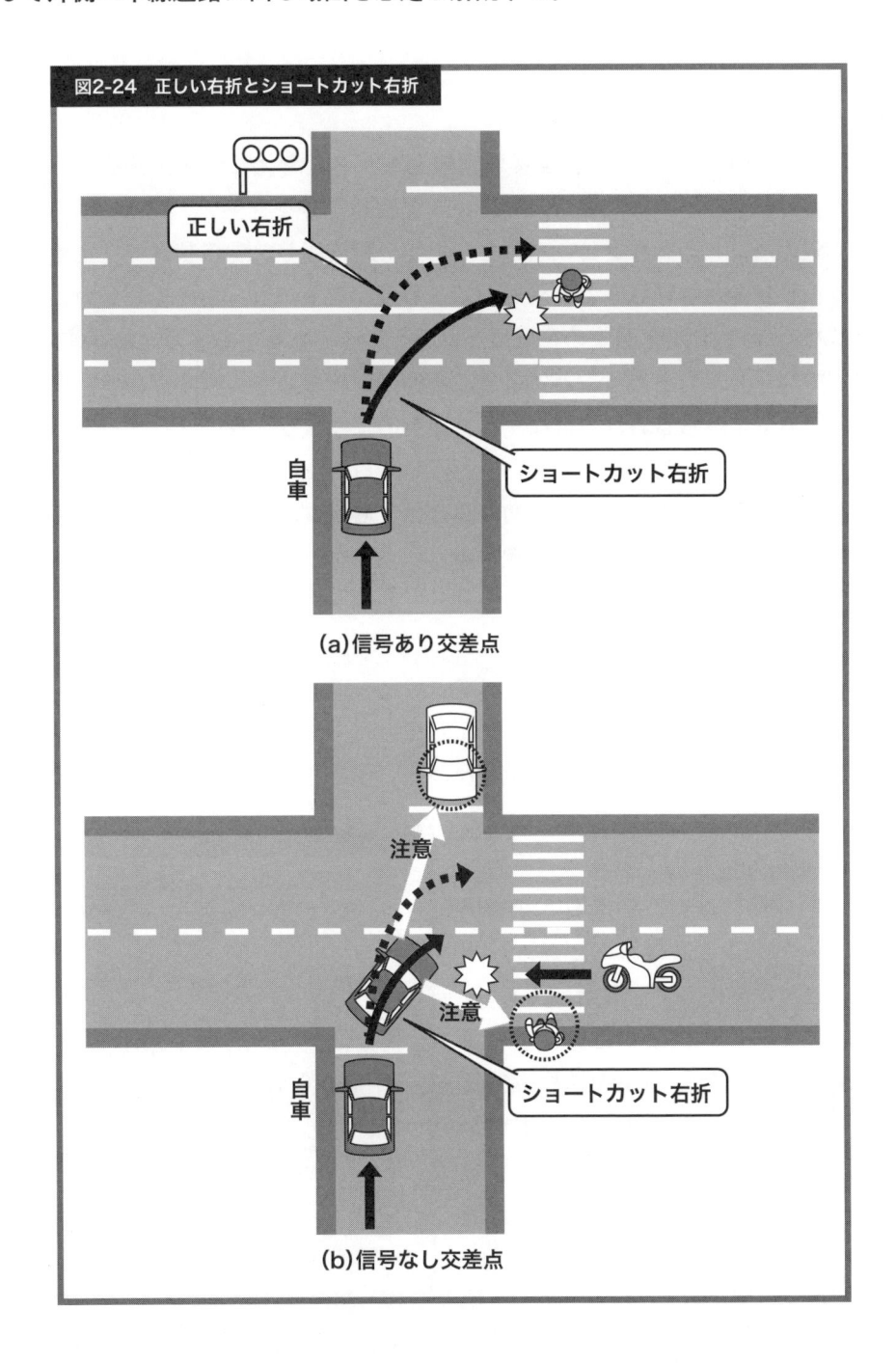

図2-24　正しい右折とショートカット右折

(a)信号あり交差点

(b)信号なし交差点

ショートカット右折は、右折後の片側二車線道路の第二車線（中央側の車線）に合わせて右折軌跡をイメージしてその内側を素早く回る。一方「回る右折」は、右折後の片側二車線道路の第一車線に合わせて右折軌跡を描く。その上で、交差点中心をイメージして、中心よりも内側をゆっくりと回る。つまり、小さく回らず、かつゆっくり回るということである。

　右折後の第一車線に合わせるということに違和感を持つことが想定されるが、ここでは第一車線に合わせることを前提としている。右折後の進路変更にかかる負担よりも、右折をゆっくりと確実に行うことのほうが重要と考えるからである。また道交法でも右折時は交差点の中心の内側を回るよう求められている。

⇨ 二段階のハンドル操作

　「回るような右折」には次の二つの安全運転習慣とセットで考える必要がある。一つは二段階のハンドル操作であり、もう一つはバランスの良い安全確認である。

　右折時の二段階のハンドル操作とは、ハンドルを半分程度回し、その状態で「止めて」周囲安全確認をした上で、残りの右折を行うというものである。ここでいう「止めて」というのは車を停止させることではなく、ハンドルを回すのを止めるという意味である。もちろん加速すべきでないが、アクセルを離してハンドルを止めることにより、周囲の安全確認がしやすくなる。また、アクセルを離しても速度が急激に落ちるわけではなく、被追突のようなリスクはほとんどない。

　一気にすばやくハンドルを回そうとすると、どうしてもハンドルの切りすぎや軌跡が小さくなるショートカット右折になりやすい。逆に最初から分けて右折するという気持ちがあれば、軌跡は大きくなり、右折自体もゆっくりとなって安定する。

⇨ バランスの良い安全確認

　バランスの良い安全確認とは、一点に集中しないということである。右折中に横断歩道への注意はある程度誰でもしている。しかしながら、よく見かけるのは図2-25の楕円で囲んだ右後方への集中である。具体的には右折中に右方から横断する（運転席から見ると右後方から進入）歩行者や自転車に注意が集中している状態であり、これは高いリスクを伴う。横断歩道は左右の双方からの進入があり、右方への集中は片方のリスクにしか対応していない状態である。ボクシングでいえば、右ガードのみで左腕が下がった状態といってもよい。しかし、右折事故の接触箇所から分かるように、右折時のリスクは前・左右など様々である（図2-26）。

図2-25　右折時の右後方への注意の集中

アンバランスな安全確認になるのは、やはり、注意すべきことをいっぺんにやらなければならない右折の仕方をしてしまっていることに理由があると考えられる。つまり、右折中に全ての安全確認をしようとするので、結果的にはバランスを欠き、最後に残った右後方への注意に集中してしまうのである。

右折前に横断歩道の前後の状態をよく安全確認し、右折中も視野を一定に維持しながらゆっくりと回るような右折をしていれば（図2-27）、右折中にどちらかに偏った、あるいは集中した安全確認をする必要がない。逆に、右折前に安全確認が不十分な状態で交差点に進入すると、横断歩道への注意は窮屈なタイミングで行わざるをえない。結果として右折しながら横断歩道の前後を確認し、最後の右後方への安全確認が集中してしまうのである。これは右折時の事故原因として重要であり、確実な安全確認の準備を安全運転習慣としたい。

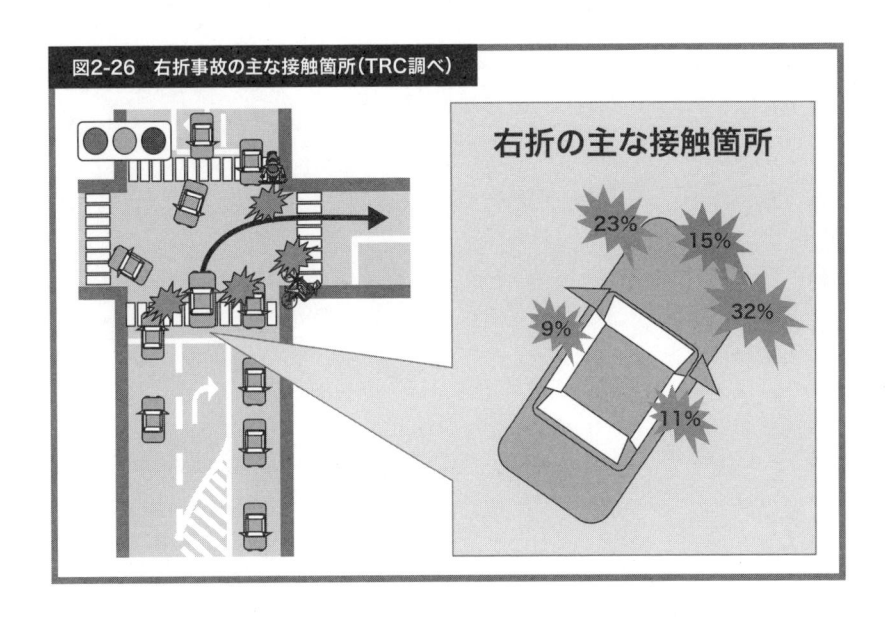

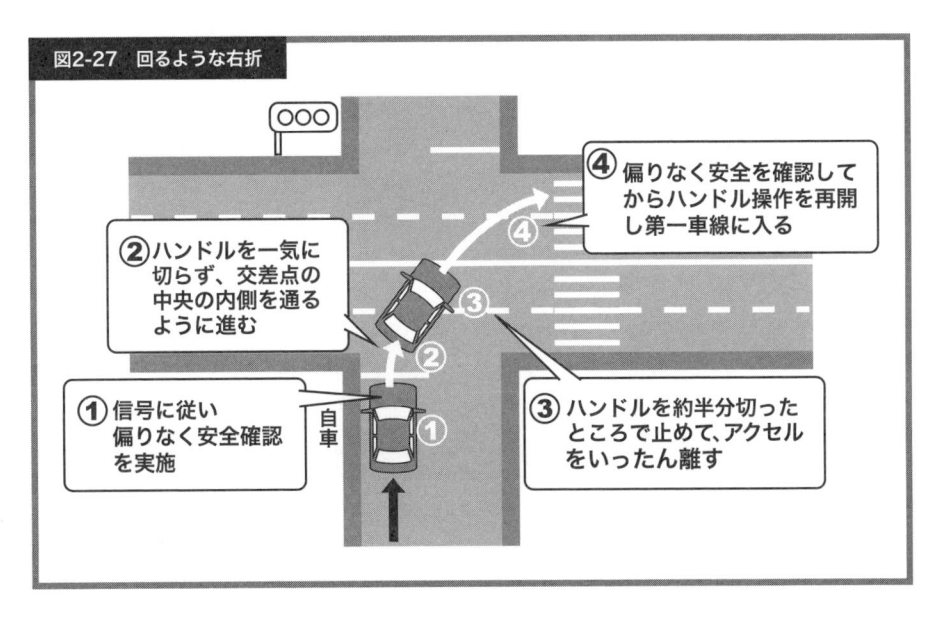

図2-26　右折事故の主な接触箇所(TRC調べ)

図2-27　回るような右折

Check! まとめ

- ✓ 右折時は安全確認すべき箇所が多い
- ✓ ショートカット右折は横断歩道右後方に注意が集中しやすく、リスクを見つけきれない
- ✓ そのため、確認の時間が十分とれる、回るような右折をする
- ✓ 右折時はハンドルを一気に回さず二段階にすることによって、安全確認のための時間を確保する
- ✓ 安全確認は、横断歩道右後方だけに意識を集中するのではなく、左方や周囲の状況なども含めてバランス良く行う

2-3-7 【左折】左寄せと二段階左折

概要		
	主な防止事故	左折時の歩行者、自転車などとの接触事故、固定物との接触事故（単独事故）
ねらい		左折時に必要な巻き込みや横断歩道付近の安全確認を十分行うための時間を確保できる左折の仕方を身につける
安全運転習慣の種類		交差点手前で減速して左後方を安全確認してから左に寄せ、横断歩道手前で一旦停止し横断歩道付近を安全確認してから左折
よくあるヒューマンエラーや事故		巻き込み安全確認や交差点内の安全確認が左折操作をしながらのものとなり、安全確認漏れ・遅れが生じ、自転車や固定物と接触する
特記事項		左折事故では右折事故に比べ、歩行者・自転車への接触が多い。静止物との接触（単独事故）も多い
ドライバー実践マニュアル該当ページ		24ページ

安全運転習慣の概要

　交差点左折時の安全運転習慣は、左寄せと二段階左折である。これは左折前に十分な減速の後で左右安全確認を終えておき、左折時は横断歩道手前（あるいはハンドルを左へ半分程度切った時点）で一旦停止して、再び安全確認をした上で左折を完了する安全運転習慣である。

　事故実態からすれば、交差点左折時に車両の左側面を静止物と接触する事故が、左折事故の約3分の1と最も多い（図2-28）。一方で、前方車、対向車、側方の自転車などと車体の前方で接触する事故も多発している。

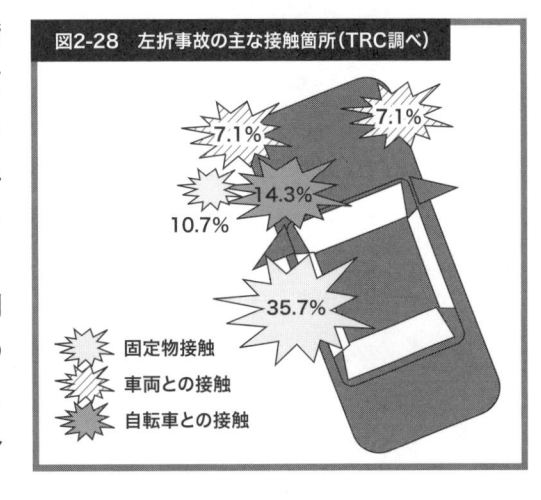

図2-28　左折事故の主な接触箇所（TRC調べ）

7.1%　7.1%　14.3%　10.7%　35.7%

固定物接触
車両との接触
自転車との接触

　また、二輪車や自転車との接触は、右折事故より左折事故のほうが多い。さらに、固定物との接触などの単独事故が多いのも左折事故の特徴である。

スパイラル（負の連鎖）状態の左折

　左折時の安全運転習慣の意義・目的は右折時と共通し、操作先行を防ぐことである。右左折時に必要な安全確認を確実にするために、右折では回る、左折では二段階に行うということである。右左折時は連続して複数の安全確認を行わなければならない。この連続と複数という環境では安全確認が不完全となりやすいのは当然のことであり、連続を断ち切り安全確認が十分できる時間を考慮した安全運転習慣を身につける必要がある。

　左折時は「安全確認のための減速」が前提となる。左折時に速度が残っている、あるいは勢いがついてしまっていると、そこで必ず安全確認は遅れる。

　多くのドライバーは、曲がることができればよいという程度の比較的速い速度で交差点に進入している。しかしこれは、安全確認をするには、交差点手前の減速が十分ではなく、結果、左折箇所が前になる。この状態での左折は左折軌跡が大回り気味になる。大回り左折は死角が大きくなり、安全確認の見落としや遅れが生じやすい。このような状況は「スパイラル（負の連鎖）状態の左折」と言える（図2-29）。

　この「スパイラル状態の左折」では、安全確認の遅れが生じやすい。一般的に、左折時に後方や側方をまったく安全確認しないというドライバーはむしろ少ないと思うが、安全確認を経ての左折になっているかといえば不十分なことが多い。つまり、左折時に必要な巻き込み安全確認などよりも、曲がる操作が先行しているケースである。曲がりながらの巻き込み安全確認は、安全確認としては不十分というよりは未確認というレベルである。

　この不十分ではなく未確認という考え方が重要である。そもそも安全確認は新たな操作に入る前に完了しておくことが前提である。当然ながら、左折に入ってからの安全確認では巻き込みを防止できない。しかし、巻き込み安全確認自体は徹底されるものの、その箇所やタイミングなどはドライバー個々人の判断で実施されることが多い。結果として、慣れなどの要因により、巻き込み安全確認の箇所やタイミングが遅れてしまうことにつながる。

　安全確認をする箇所とタイミングにこだわって安全運転習慣づけを行いたい。

図2-29　スパイラル状態の左折

減速が十分でない場合の左折の危険
③ 大回りになる
② 左折箇所が前になる
① 手前の減速が十分でない

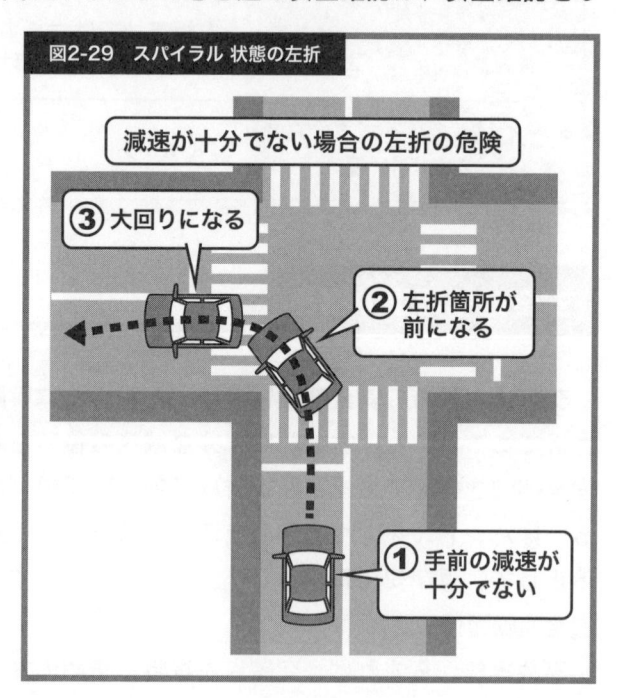

「左寄せ」と「二段階左折」による減速

　「スパライル状態の左折」を避け、適切な箇所とタイミングで安全確認を行うためには、「曲がるための減速」ではなく「安全確認のための減速」で交差点に進入することが求められる。そして、

スピードを落としきるための具体的な方法が「左寄せ」と「二段階左折」（図2-30）である。

「左寄せ」では、事前の減速という準備ができているかどうかに焦点を当てている。つまり、寄せるためには左後方の安全を確認し減速する必要があるため、結果として減速された状態で交差点に進入することとなる。現在はＡＴ車が主となり、事前に減速をするきっかけ（マニュアル車でいえばギアを落とすなど）が減っていることや、寄せ過ぎによる接触リスクなどから「左寄せ」があまり重点的に教育されない場合もあるが、左折時に本来必要な減速を実現するための有効な手段なのである。

「二段階左折」は、左折前に十分な減速で左右安全確認を終えた後、実際に左折に入るタイミングの横断歩道手前（あるいはハンドルを左へ半分程度切った時点）で一旦停止して、再び安全確認をした上で左折することを指す。ここで一旦停止をすることで横断歩道付近での安全確認（横断歩道前方・後方）ができることも重要であるが、交差点進入時の速度が抑えられるという点も重要である。

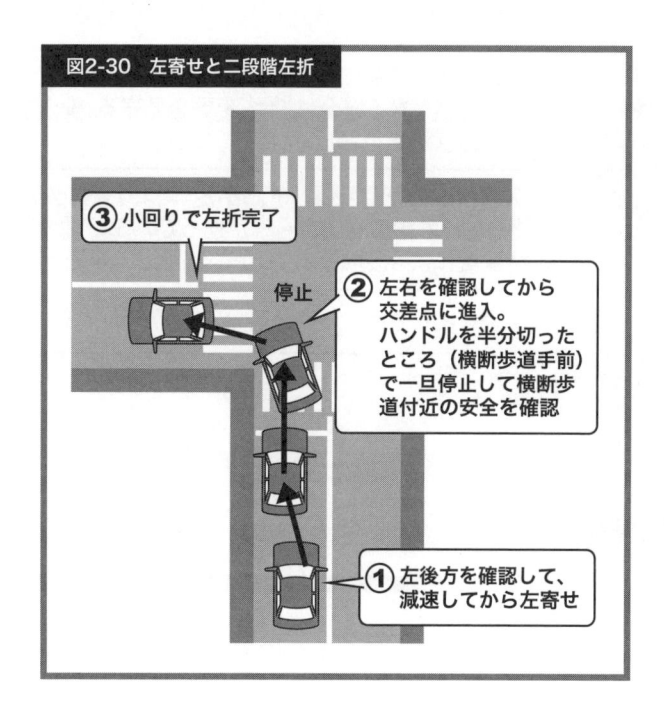

図2-30 左寄せと二段階左折

③ 小回りで左折完了
停止
② 左右を確認してから交差点に進入。ハンドルを半分切ったところ（横断歩道手前）で一旦停止して横断歩道付近の安全を確認
① 左後方を確認して、減速してから左寄せ

Check! まとめ

- ✓ 曲がれればよいという程度の速度（比較的速い速度）での左折が多い
- ✓ 安全確認が確実にできるための減速（比較的遅い速度）をする
- ✓ そのために、左折前に後方を確認の上減速し、左に寄せる（ここで巻き込み安全確認を完了）
- ✓ 横断歩道の手前（もしくはハンドルを半分程度切った時点）で一旦停止し、横断歩道付近の確認を行った上で、左折するという二段階左折を行う

2-3-8
【進路変更】
操作先行を防ぐ合図のタイミング

概要 主な防止事故	進路変更時の接触事故や、進路変更と運転行動がセットになることが多い、交差点右左折時・通過時の事故
ねらい	操作しながらの安全確認（操作先行）の防止
安全運転習慣の種類	進路変更する前に周囲の安全確認を完了してから合図を出す。進路変更が強引になる場合は進路変更を見送る。安全な進路変更を行うために交通状況を予測しておく
よくあるヒューマンエラーや事故	交通状況の把握不足（予測不足）により急に必要となった場面、進路変更したい車線の後方から車が迫っているような場面、などでの無理な進路変更による接触事故（しかも合図出しが安全確認より前に行われる）
特記事項	合図を出してからの安全確認を行うドライバーが多い
ドライバー実践マニュアル該当ページ	26ページ

安全運転習慣の概要

　進路変更は実際の運転時に比較的頻繁に出てくるもので、現在の交通環境からいえば、他車との接触リスクが高くなる場面といえる。これには、操作先行を防ぐ合図のタイミング、すなわち、進路変更側の後方・前方の安全確認ができてから、合図を出し、操作するという安全運転習慣が有効である。これが確実にできない場面では、進路変更を見送る。また、余裕を持って進路変更できるように、交通状況を予測しておく。

➡ 進路変更による事故

　事故は、場所では交差点で多発し、自車行動では右折、左折、バックのように、ハンドルを切る場面で多い。しかし、今回の頻出事故パターン（図2-1：29ページ）に進路変更は出てきていない。これは、進路変更は交差点付近、一般道など様々な場面で出てくるので、事故場所と自車行動をマトリクスさせた統計では頻出事故パターンとしては隠れてしまうためである。しかし、右左折時と

同様、ハンドルを切る場面であり、安全確認が不十分になりやすく重要な場面といえる。

予測不足・ジレンマ・強引

　進路変更は余裕を持って行うことが原則で、余裕があれば事故につながることはない。ところが、余裕を持って行えない場面が少なくない。ここではその場面を三つに分けて取り上げる（図2-31）。

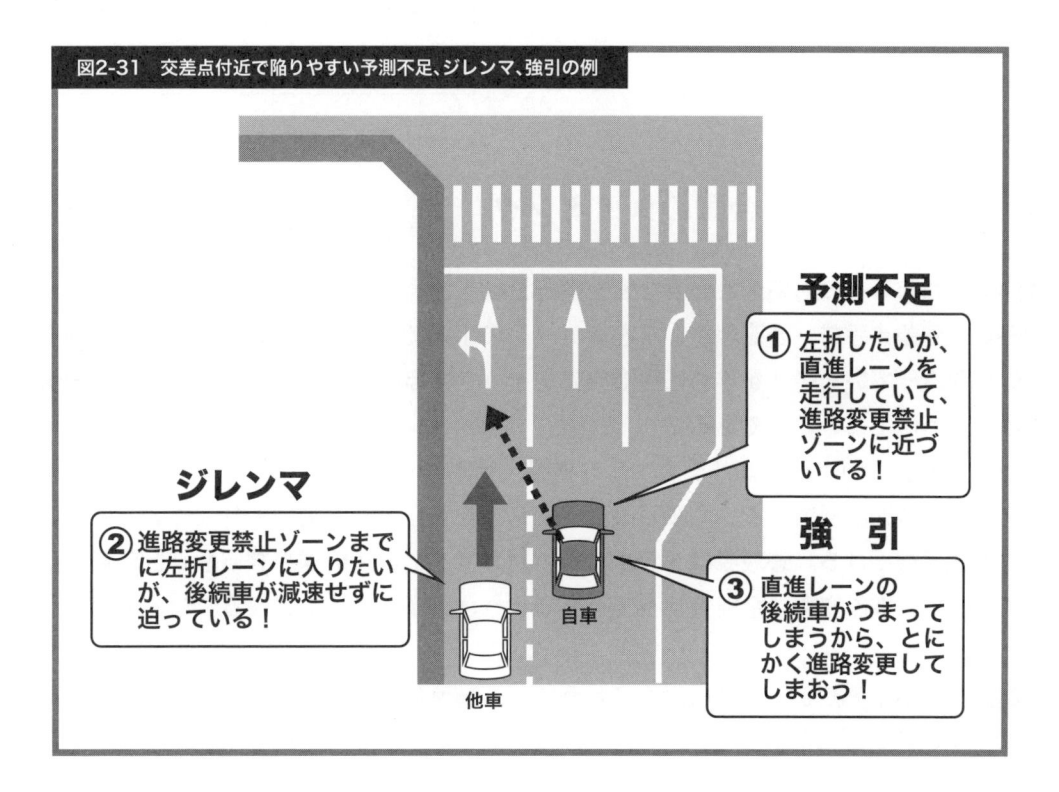

図2-31　交差点付近で陥りやすい予測不足、ジレンマ、強引の例

予測不足
① 左折したいが、直進レーンを走行していて、進路変更禁止ゾーンに近づいてる！

ジレンマ
② 進路変更禁止ゾーンまでに左折レーンに入りたいが、後続車が減速せずに迫っている！

強引
③ 直進レーンの後続車がつまってしまうから、とにかく進路変更してしまおう！

　まず、交差点手前、進路変更禁止ゾーンの手前、合流地点手前などでの進路変更は、つい慌てて行うことが少なくない。このような場面は安全確認不足というよりは交通全体の状況や環境把握が十分ではないこと（予測不足）が原因といえる。また、すぐ先の信号が青から黄色への変わり目に差し掛かるところで、進路変更したい車線の後方からは速度を落としていない車が迫っているような場面もある。つまりは進路変更しようか、やめようかというジレンマに陥る場面である。さらには、前方の状態に限らず、進路変更する車線の後方から速度を落としていない車が迫っている場合、無理で強引な進路変更となる。

　また、例えば前方のバスが停留所で停止する場合も、ジレンマは起こりやすい（図2-32）。

　このように、余裕を持てない進路変更の場面は、予測不足、ジレンマ、強引の三つに分けることができる。事故防止策としては、余裕を持てない場面をなるべく少なくすることと、余裕を持てない場面でも冷静に対応することが求められる。

図2-32　他車の状況によって引き起こされるジレンマの例

停止するか追い越すかのジレンマ
減速

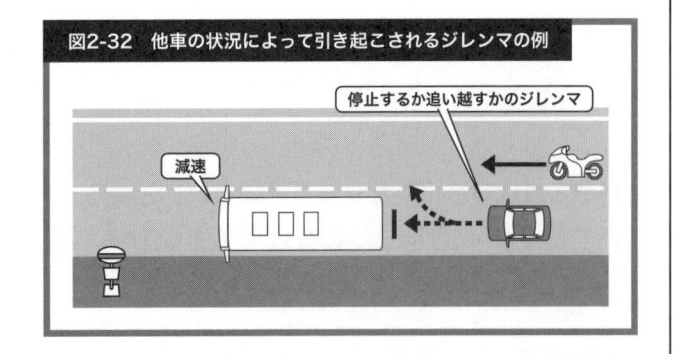

前方のバスが停留所に止まろうとして減速。右後方からバイクが来ている。停止するか、バイクが来る前に加速してバスを追い越すかのジレンマに陥る。無理をすれば強引な進路変更になる。「リスクはブレーキで避ける」（進路変更せずに止まる）と心掛けること！
また、そもそも、「バスは急に減速するかもしれない」という予測をしておく。

操作先行を防ぐ合図のタイミング

具体的にそれぞれへの対応策と必要な安全運転習慣を考える。

予測不足は交差点手前、合流地点、右左折レーンの手前で起こりやすい。このような場面では走行レーンが間違っていないかを早めに意識的にチェックする必要がある。また、やむを得ない進路変更時は決して慌てないことである。

ジレンマと強引への対応では、まず、この状態・行動はリスクテイク（あえて危険を冒す行為）であるという認識が必要である。つまり不要なリスクを自らとる行動であり、その際は進路変更を見送ることを習慣づける。管理者はドライバーに対して、この大前提をきっちりと教育する必要がある。この上で、進路変更は余裕を持って行えるよう、ガイドラインとなるフローを示すことも重要である。

安全確認上は不十分だが、実際によく行われている進路変更時のフローには次のものがある。
＜右へ進路変更する場合＞
①右へ合図を出す
②右後方の安全を確認する
③その時には進路変更している

このフローでは安全確認は不十分で、一番の問題は、確認と操作がほぼ同時に行われている点である。これを防ぐためには、安全確認を終えてから合図を出すという習慣を構築したい。安全確認を終えてから合図を出し、再度、後方および前方の確認を行った上で、進路変更することが必要である。

つまり、進路変更時の合図を遅く出すということではなく、少なくとも、後方と前方の安全確認を終えてから合図を出すという安全運転習慣を推奨したい。一方で、合図をなるべく早く出すという行為は決して悪いことでなく、むしろ後続車への情報発信としては重要である。ただ、安全確認をしないうちの合図出しは、後続車に対して不確実な情報発信となるので避けたい。

Check! まとめ

- ✓ 事故統計上は、「進路変更」は交差点付近での事故などとして抽出されることが多く、頻出事故パターンに出てこない。しかし、頻繁に出てくる運転操作でありリスクが高い

- ✓ 危険な進路変更の場面は、予測不足、ジレンマ、強引の3種類に分けられる

- ✓ 予測不足は交通の状況や自車の車線などを早めに確認する意識を高めておく

- ✓ ジレンマ、強引による進路変更はリスクテイクな行動であり、その際は進路変更をしないという安全運転習慣にする

- ✓ 合図を出してから安全確認するドライバーが多い。車線変更の合図は安全確認が完了してから行う

- ✓ 先に合図を出してしまうことで、進路変更を早く完了させたいという心理が働き、安全確認がさらに不十分になりやすい

第3章

安全運転教育をめぐる個別テーマ

　第2章では頻出事故パターンごとの「交通環境と自車行動」の視点からヒューマンエラー防止対策を取り扱ったが、交通事故の中には、頻出事故パターンからではなく、交通環境横断的な視点から対策を考えるべきものもある。言わば「縦糸」である前者と、「横糸」である後者のヒューマンエラー防止対策を上手に織り込むことにより、優先的に対策を講じるべきリスクを漏らさずきちんとカバーすることが重要である。このため、本章では、「**事故原因**」「**事故の相手方**」「**ドライバーの属性**」の三つの視点から、ヒューマンエラー防止対策の観点から特に重要ないくつかの個別テーマについて、概要を述べる（**図3-1**）。

　まず、「**事故原因**」に関しては、警察庁統計による法令違反別の交通死亡事故の上位二つ（合計で31％）を占める「漫然運転」・「脇見運転」に対応する「**ながら運転**」（携帯電話での通話など運転操作以外の行為を行い「ながら」する運転）と、重大事故につながりやすい「**居眠り**」運転・「**急ぎ・焦り**」運転を取り上げる。

　次に、「**事故の相手方**」については、状態別死者数で最多の区分であり、かつ、近年、全死者数に占める割合も上昇傾向にある「歩行中」に対応する「**歩行者**」と、近年の環境意識・健康意識の高まりの中、通勤利用の増加が指摘され、また、今後、歩道ではなく車道を走る台数の増加も見込まれる「**自転車**」を取り上げている。

　さらに、「**ドライバーの属性**」については、事故を起こしやすい層である「**新入社員**」と、高齢化に伴い増加している「**シニア層**」、現に事故を起こしている層である「**事故惹起者・多発者**」への対策について述べる。

図3-1　本章で取り上げる個別テーマ

事故原因	事故の相手方	ドライバーの属性
ながら運転	歩行者	新入社員
居眠り運転	自転車	ミドル層
急ぎ・焦り運転	二輪車	シニア層
健康起因	乗用車	事故惹起者・多発者
･･･	･･･	･･･

3-1 「ながら運転」を防止する管理の考え方

(1)「ながら運転」とは

「携帯電話で通話しながら」、「伝票を確認しながら」、「地図やカーナビを見ながら」など、何らかの別の行動をしながら運転をする状態が「ながら運転」である。

警察庁の交通事故統計などには、「ながら運転」という区分はなく、これに相当するものは「漫然運転」または「脇見運転」に分類されている。2011（平成23）年の法令違反種類別の交通死亡事故割合をみると、漫然運転が16.5％、脇見運転が14.6％と、合計で約31％を占めており、主要な事故原因となっている。（図3-2）

このうち、「漫然運転」とは、深く考えず、明確な目的を持たずに運転することで、運転以外の作業に注意が向けられている場合も含む。また、「脇見運転」とは、前方を見ずに運転することで、これは「ながら運転」の結果と言える。分かりやすく整理すれば、「漫然運転」が無意識のうちに行う、「脇見運転」が意識的に行う「ながら運転」と考えてよい。

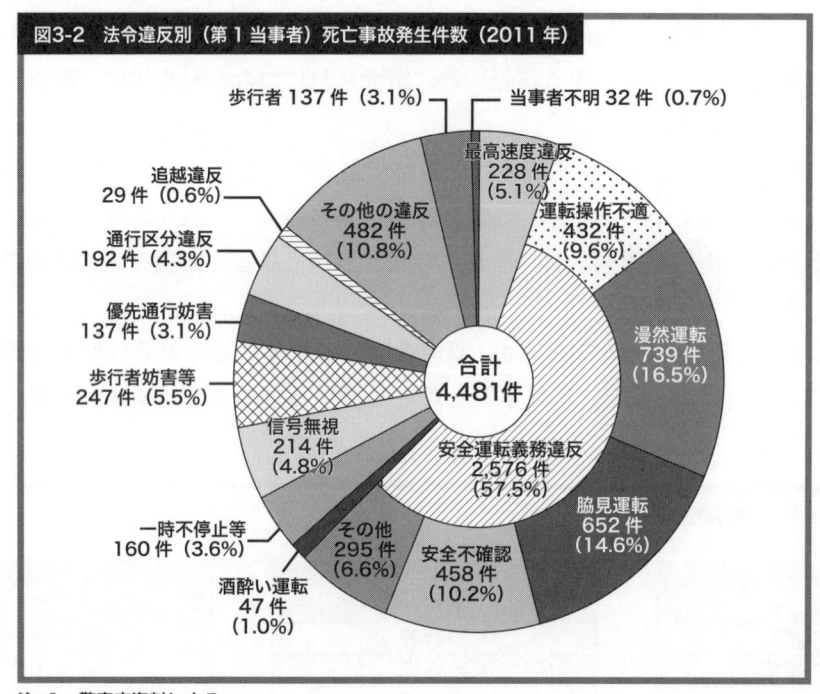

図3-2 法令違反別（第1当事者）死亡事故発生件数（2011年）

合計 4,481件

- 歩行者 137件（3.1%）
- 当事者不明 32件（0.7%）
- 最高速度違反 228件（5.1%）
- 運転操作不適 432件（9.6%）
- 漫然運転 739件（16.5%）
- 脇見運転 652件（14.6%）
- 安全不確認 458件（10.2%）
- その他 295件（6.6%）
- 酒酔い運転 47件（1.0%）
- 一時不停止等 160件（3.6%）
- 信号無視 214件（4.8%）
- 歩行者妨害等 247件（5.5%）
- 優先通行妨害 137件（3.1%）
- 通行区分違反 192件（4.3%）
- 追越違反 29件（0.6%）
- その他の違反 482件（10.8%）
- 安全運転義務違反 2,576件（57.5%）

注 1　警察庁資料による。
　 2　（ ）内は、発生件数の構成率である。
出典：内閣府「交通安全白書平成24年版」

(2)「ながら運転」はリスクテイク

　一般に、ヒューマンエラーがどのような場面で起きやすいかと言えば、交差点通過、進路変更、右左折などの場面が挙げられることは、既に述べたとおりである。これらに共通するのは、連続する運転の中で行わなくてはならない安全確認や運転操作が多いことである。つまり、人間はこのような場面でヒューマンエラーを起こしやすいのである。
　このような観点からは、「ながら運転」は自らタスクを複雑化し、ヒューマンエラーを起こしやすい環境をつくり出してしまっている危険な行為（リスクテイクの行為）である。

(3)「ながら運転」の防止のための指導

　ハンズフリー通話を含め、運転中の携帯電話の使用禁止を社内規則で定め、違反時に事故を起こした場合はペナルティを課すという企業も多い。しかしながら、「ながら運転」防止のためには、結果を厳しく問うだけではなく、その前に、「ながら運転」が上述のような危険な行為であることをドライバーに認識させた上で、そのようなリスクをとらない慎重な運転態度を醸成するとともに、運転に集中できる車内環境を整備することが必要である。

(4)「ながら運転」による事故形態と対応策

　「ながら運転」による典型的な事故形態としては、例えば、次のようなものがある。
●携帯電話での会話に気をとられているうちに事故を起こした
●カーナビのモニターを注視しているうちに事故を起こした
●景色や看板などに目を向けているうちに事故を起こした
●助手席やダッシュボードに置いていた物が落ち、探したり、拾おうとしたりして事故を起こした
　携帯電話については、ハンズフリー通話であればよいと考える向きもあるが、第2章のコラム（50ページ）で紹介したように、通話時の事故発生率は通常の約4倍との研究もあるなど、ハンズフリー通話による事故リスクは片手持ちでの通話時とさほど変わらないものと考えるべきであり、運転中の通話は望ましくない。このため、例えば、「着信音を確認したら安全な場所に停車してから対応する」「運転中の連絡は避ける」「連絡は極力メールで済ます」「電話する場合は3コールして出なければ切る」などの社内ルールの整備と徹底が望まれる。
　また、カーナビについても、使用時に反応速度が遅くなり、誤検出率も上がることが知られており（図3-3）、地理に不案内な目的地に向かうときは、カーナビを注視しないでも済むように、事前にきちんと経路を調べて把握しておき、補足的にカーナビを利用することが重要である。これは、看板への脇見を防止する観点からも必要である。
　さらに、運転に集中できる車内環境の整備も行いたい（図3-4）。①車内の整理・整頓・清掃を行うとともに、②運転席や助手席の付近には携帯電話・書類・部品等を絶対に置かない（これらの

物を車内に持ち込む場合は、容易に手が届かない後部座席に置く。業務に活用する物一切を入れることができるバスケットを会社が支給する方法もある)、③同僚の車両を相互に確認し合う、などの取り組みが考えられる。

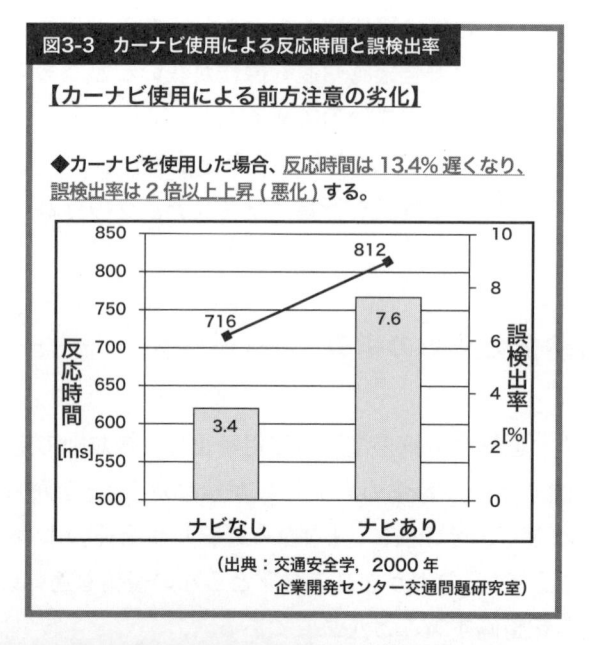

図3-3 カーナビ使用による反応時間と誤検出率

【カーナビ使用による前方注意の劣化】

◆カーナビを使用した場合、反応時間は13.4%遅くなり、誤検出率は2倍以上上昇(悪化)する。

	ナビなし	ナビあり
反応時間[ms]	716	812
誤検出率[%]	3.4	7.6

(出典:交通安全学, 2000年 企業開発センター交通問題研究室)

図3-4 運転に集中できる車内環境が必要

Check! ここがポイント

3-1について

✓ 「ながら運転」に相当する「漫然運転」・「脇見運転」は交通死亡事故原因(2011年)の約31%を占める

✓ 「ながら運転」は自ら運転を難しくし、事故を起こしやすくする危険な行為であることを理解させる

✓ 「ながら運転」を防止するためには、リスクをとらない慎重な運転態度の醸成と、運転に集中できる車内環境の整備を行うことが必要(運転時の連絡の取り方や携帯電話・書類など物の置き方に関する社内ルールの整備・徹底など)

3-2 居眠り運転を防止する管理の考え方

(1) 居眠り運転の原因

　居眠り運転が大事故に直結する危険運転であることは言うまでもない。居眠り運転の原因は大きく三つ考えられる。一つは睡眠不足や過労などドライバー自身の体調によるもの、もう一つは眠気を催す薬物の服用によるもの、最後の一つがSAS（睡眠時無呼吸症候群）に代表される睡眠障害などの病的なものである。
　このように、居眠り運転は「体調」「薬物」「病気」の三つの原因に大別できるため、当然ながら、その対策はそれぞれの原因に合わせて行わなければならない。

(2) 対策の視点

　居眠り運転を防止するためには、前述の三つの原因に合わせた対策が必要である。
　まず、「体調」については、その悪化は疲労の蓄積などによるものだが、交通事故の直接的な原因は、眠気を自覚しているにもかかわらず、無理して運転を続けてしまうという危険な行為を選択してしまっていること（リスクテイクしていること）にあり、居眠り運転を防止するためにはこのような危険な判断をやめさせなければならない。
　次に、眠気を催す「薬物」については、服用時には運転をしないよう指導を徹底させることが必要であり、「病気」については正確に病気を把握し、治療を行うことが必要である。「病気」の場合は、状況によっては、当面の間、運転業務に就かせないようにする業務調整が求められる場合もある。

(3) 居眠り運転の防止のための指導

　まずは、居眠り運転の三つの原因との関係で問題がないかを把握する必要がある。具体的には、①事故事例を示しながら、まず、居眠り運転が死亡事故を含む大きな事故に直結することを再確認した上で、②居眠り運転の三つの原因（体調、薬物、病気）を示し、ドライバー自身に関係することがないのか図3-5のステップ式チェックを行う。
　次に、眠気を自覚しているにもかかわらず、無理して運転を続けてしまい「リスクテイク」状態にならないための具体的な指導を行う必要がある。「無理をせずに休憩を」という一般的な指導は

よく行われるものの、ドライバーはどうしても運転を押し通そうとすることが多く、単に「無理をせずに」と言うだけでは行動変化につながらない。このため、眠気の段階に応じた具体的な対応を定めたガイドラインを社内で決定・徹底し、居眠り運転を防止することが求められる。

図3-5 居眠り運転についてのステップ式チェック

ステップ1	ステップ2	ステップ3
病気、主に睡眠時無呼吸症候群などの睡眠障害ではないかをチェックする。これは以下のESSチェックを活用する。これにより一定以上のリスクがあるという結果であった場合は専門医への受診を促す。	薬物に関連するチェックを行う。眠気を催す薬物は数多くある。例えば花粉症などのアレルギー症状を鎮める薬物の中にも含まれている場合があり、まずは、現在、常用している薬物のうち、眠気を催す成分が含まれていないかのチェックを促すことが重要である。	病気、薬物ではないことが確認された上で、体調によるリスクテイクを確認する必要がある。

＊上記のステップ1〜2については、まずはセルフチェックを促すことが重要で、不用意に社員のプライバシーに立ち入り、侵害することのないよう配慮したい。

ESS(エプワース眠気尺度)による眠気のチェック

0＝眠ってしまうことはない。1＝時に眠ってしまう。2＝しばしば眠ってしまう。3＝だいたいいつも眠ってしまう。

1. 座って読書中……………………………………………………………… 0 1 2 3
2. テレビを見ているとき…………………………………………………… 0 1 2 3
3. 人の大勢いる場所(会議や劇場など)で座っているとき……………… 0 1 2 3
4. 他の人の運転する車に、休憩なしで1時間以上乗っているとき…… 0 1 2 3
5. 午後に、横になって休憩をとっているとき…………………………… 0 1 2 3
6. 座って人と話しているとき……………………………………………… 0 1 2 3
7. 飲酒をせずに昼食後、静かに座っているとき………………………… 0 1 2 3
8. 自分で車を運転中に、渋滞や信号で数分間止まっているとき……… 0 1 2 3

合計点：　　点
※合計点が11点以上の人は専門医の受診を勧めるものである。

ガイドラインの内容としては、例えば、「最初の眠気で窓を開け、外気を入れる。次の眠気で車を停止させ、車を降りて車の外周を一周する。そして、次に眠気を催した場合は迷うことなく休憩を30分とる」などが考えられる。

なお、「無理せず休憩を」と指導する一方で、車内にガム、おしぼり、缶コーヒーなどを置くことを奨励する企業も散見されるが、これは無理をして運転することを助長する結果にもなりかねず、企業が推進する事故防止対策としては適当ではない。

(4) 企業としてなすべきこと

居眠り運転を防止するためには、上述のような対策を行った上で、ドライバーに応じたきめ細かい指導が必要であるが、それ以前の問題として、企業として長時間労働や連続運転の恒常化を防止するための措置を講じるべきことは言うまでもない。

このような対策を行うことなく居眠り運転の恐怖だけを教育するのは、ドライバーへの脅しにしかならないことを肝に銘じたい。

Check! ここがポイント 3-2について

- ✓ 居眠り運転は「体調」「薬物」「病気」の三つの原因に大別される

- ✓ 居眠り運転の三つの原因との関係で問題がないかチェックする

- ✓ 眠気を自覚しているのに運転を続行するということは、自ら事故リスクを高める行為であることをドライバーに理解させる

- ✓ 眠気を催した際の具体的行動をガイドラインなどで社内ルール化する

- ✓ 大前提として、企業では、長時間労働や連続運転の恒常化を防止するための措置を講じることが必要である

3-3 「急ぎ・焦り運転」の防止に関する教育法

　企業のドライバーが事故原因として最も多く挙げるのが急ぎ・焦り運転である。これは本業が忙しく、必要な安全確認や慎重な運転ができなかったというものである。企業では、このような急ぎや焦りの環境をできる限り少なくする努力をしなければならない。一方で、環境整備だけではなく、急ぎ・焦り運転そのものをさせないドライバー教育も合わせて行う必要がある。ここでは、そのドライバー教育について考え方や内容を整理する。

(1) 急ぎ・焦り運転には3タイプある

　急ぎ・焦り運転を防止する教育を行うためには、環境や急ぎ方により三つのパターンに分けて対応をするのが効果的である。三つのパターンとは、慢性タイプ、急性タイプ、パニックタイプである。それぞれについて簡単に解説をする。

① 慢性タイプ

　営業などで訪問先が多数あり、その日程を円滑に進めたいと思う気持ちから、出発から最後の仕事を終えるまでずっと急ぎ・焦り運転を続けてしまう状態である。1日の業務量が適正なものかどうかには関係なく、仕事全体に余裕を持ちたいという心理から生じる先急ぎ運転と言える。

② 急性タイプ

　営業活動中などに、すぐに行かなければならない状態が発生した場合に急ぎ・焦り運転を行ってしまう状態である。これは、例えば得意先からの急な呼び出しのときだけ急ぐというもので、いわば急性の急ぎ・焦り運転といってよい。

③ パニックタイプ

　例えば道を間違えるなどドライバー自身のミスにより想定外に時間がかかる事態に追い込まれ、パニック的に急ぎ・焦り運転を行ってしまう状態である。

(2) 急ぎ・焦り運転防止のための教育

　教育で重要なことは、ただ闇雲に「急ぎ・焦り運転はだめ」ということではなく、急ぎ・焦り運転はどのような場面で起こりやすいのかについて、また、自分がどのようなタイプの急ぎ・焦り運転を行う傾向にあるかについて、ドライバーに気づかせることである。とかく教育というと、「かくあるべき」と説得することに終始しがちだが、実際にドライバー自身の行動変化を期待するので

あれば、必ずドライバーの共感を呼び起こすというステージが必要になる。
　このような観点からは、上記の三つのタイプを示し、ドライバー各自に自身の業務環境、性格などから、どのタイプにあてはまりやすいかを考えてもらうことが重要である。そのうえで、それぞれのタイプの抱えるリスクとそれへの対応法を管理者から伝えることが重要である。このうち、リスクについては次のように考えることができる。

① 慢性タイプの急ぎ・焦り運転リスク
　三つのタイプの中で最も急ぎ・焦り運転の時間が長く、当然ながらそのリスクは最も高い。人が持つ注意力、安全確認の安定度からして、長時間、速度が高い状態で安全を維持することは極めて困難であることを伝えたい。
　速度が上がれば上がるほど、目についたものだけが入ってくるという、点を追った運転（点の運転）になりやすい。例えば、急ぎ・焦り運転では前車との車間が詰まりやすく、この場合は前車の挙動だけに意識が集中してしまう（図3-6）。これでは多くの危険を見つけることができず事故のリスクは高まる。安全運転のためには交通環境全体に目を配る、いわば面で追う運転を行うことが重要である。これには広い視野を維持することと、必要以上の速度で走行しないことである。これは危険を見つけるために重要なことである。急ぎ・焦り運転は「点の運転」になりやすいが、慢性タイプの場合、これが常態化することになる。

図3-6　急ぎ・焦り運転時の意識の集中の例

② 急性タイプの急ぎ・焦り運転リスク
　慢性タイプに比べ、急ぎ運転を行っている時間そのものは短いケースが多い。しかし、急性タイプの急ぎ・焦り運転は、例えば顧客からの急な呼び出しや、トラブルによる仕事の遅れの挽回などで起こることから、急ぎ・焦りの程度は慢性タイプよりも著しい場合も多いと考えられる。
　このタイプでは、例え短い時間かつ短い距離であっても、かなり危険なレベルの「点の運転」となっているということを伝えたい。また、顧客から急ぎの依頼を受けた場合には、すぐに対応を開始することは約束しても、急ぎ・焦り運転でしか間に合わないような対応を行うことまでは決して約束しないことを徹底することも重要である。例えば、急ぎの依頼が発生した時点で、管理者や関係者に報告するルールにするとともに、急ぎ・焦り運転は絶対にしないような念押し・注意喚起を習慣化する（図3-7）。言うまでもないが、上司からの「気をつけて『急げ』」などの指示は言語道断である。

図3-7 急ぎの用件発生時のルールの例

③ パニックタイプの急ぎ・焦り運転リスク

　急性タイプに似ているが異なるのは、急ぎの原因がドライバー自身のミスによるものという点である。「道を間違える」などはドライバー自身のミスによるもので、その負い目から一層急ぎ・焦り運転の程度が高くなることも考えられる。

　ここで重要なことは、ドライバーのミスの収拾を本人だけで抱え込ませないチームプレー・組織プレーを徹底させることである。つまり、ドライバーがミスをしてしまった時点で、必ず管理者や関係者に報告し、協力を求めることである。

　しかし、このような対応をせずに、自分だけで抱え込み、できれば間に合うようにしたいと最後まで頑張ってしまうドライバーが多く見られるが、これは「頑張り」ではなく事故を呼び込むリスクテイクの行為に他ならない。管理者は、ドライバーにこのことをきっちりと伝え、チームや組織での対応を徹底させるようにしたい。加えて事前に管理者とドライバー間でこのような協議とルール化をしておけば、実際の場面でことがスムーズに進むことも多い。このことを管理者は知っておきたい。

　このように、急ぎ・焦り運転の対策では、急ぎ場面をできるだけ少なくすることが第一である。これはとりもなおさず業務改善に関連することである。さらに、次の段階では急ぎ・焦り運転は事故を呼び込むリスクテイクの行為で、絶対にやってはいけないということをじっくりと教育したい。じっくりと教育するとは、なぜ必要かの理由を伝え納得させる共感ステージと、実際にどのような対応が必要かを教え込む対策ステージに分けて、日常での実際の場面で正しく行動できるまで教え

込むことである。これを、急ぎ・焦りのタイプ別に分け、それぞれへの対応を具体的にドライバーに指示することである。

　企業のドライバーと急ぎ・焦り運転は切っても切れないのが現状だが、これへの対応は、焦らず、じっくりと段階を追って教育することが重要であることを強調したい。

> **Check! ここがポイント** 3-3について
>
> ✓ 急ぎ・焦り運転には、慢性、急性、パニックの3タイプがある
>
> ✓ ドライバーにどのタイプで急ぎ・焦り運転が起きやすいか自らの特性を知ってもらう
>
> ✓ 急ぎ・焦り運転は事故に直結するリスクテイクの行為である
>
> ✓ 急ぎ・焦り運転の原因となるようなケースが発生した時のルールを決め、チーム・組織によるフォローや管理者の指導などが入る余地をつくっておく
>
> ✓ 急ぎ・焦り運転の危険性と具体的対応を日頃から繰り返し教育・指導する

コラム

慢性タイプの急ぎ・焦り運転（先急ぎ運転）は効果が薄く、リスクが高くなる

　先急ぎ運転をするドライバーは、早く目的地に到着できれば、それにより自分のその後の業務遂行に余裕が出る（時間短縮のメリットがある）と評価しているからこそ先急ぎ運転をしているといえるが、急ぎ運転の効果を評価するために行ったある実験では表（次ページ）のような結果となった。

　実験では確かに急ぎ運転の効果はあったが、1時間近くの走行でたったの2分25秒だった。また、信号停止回数は速度の速いほう（A）が6回も多かった（表）。

　実験コースのように、交通量の多い区間では頻繁に信号がある。コースでは概ね200mに1回くらいの割合で設定されていた。つまり、一つの信号を越えるには急ぎ運転の効果はあるものの、コース全体の信号をスムーズに越える術はないと考えるべきである。

　また、急ぎ運転中は、少なからずストレス状態にある。この状態にさらに信号待機によるストレスも加わることになる。このように考えると、急ぎ運転は実質的な時間短縮というメリットより、ストレスや事故リスクの増加といったデメリットのほうが大きいと考えられる。

表　先急ぎ運転の効果の評価実験

条件の概要
●走行区間：東京・大手町〜神奈川・鶴見間の 22km
●走行速度：車Aは制限速度走行、車Bは制限速度より 10km/h 抑えた走行
※詳細な設定条件は省略

車両	走行時間	信号停止回数
A	49 分 55 秒	27 回
B	52 分 20 秒	21 回
A－B	－2 分 25 秒	6 回

3-4 歩行者事故の防止

3-4-1 歩行者事故の状況

　警察庁の統計では、わが国の 2011 年の交通事故死者数（24 時間以内死者数）のうち、歩行中の死者数は 1,702 人で交通手段別死者数では最も多く、全死者数の約 37％を占めている。以前は自動車乗車中の死者数が最も多かったが、シートベルト・チャイルドシート着用率の向上や自動車の衝突安全性能の向上などを背景に自動車乗車中の死者数が近年著しく減少した。これに対し、歩行中の死者数の減少は緩やかであり、2008 年に歩行中が自動車乗車中を超えて以降、最も死者数の多い区分となっている。歩行中に亡くなった人の半数以上は 65 歳以上の高齢者である。

　財団法人交通事故総合分析センター（ITARDA）の分析（イタルダ・インフォメーション NO.94）によると、歩行者死亡事故のうち相手側は自動車が約 94％を占めており、その事故相手の行動としては「直進」時が約 83％と大部分を占めている。また、歩行者の対自動車による事故全体のうち、「直進」時以外の事故の致死率が 1％前後なのに対し、「直進」時事故は約 5％と致死率が高い。

　また、「直進」時の事故では、自動車のドライバーに着目した場合、「漫然運転」・「脇見運転」がいずれも約 35％を占め、これが歩行者の発見の遅れにつながり、十分な減速ができないまま歩行者と衝突しているものと考えられる。一方、歩行者に着目した場合、「車両の直前・直後の横断」や「横断歩道外横断」、「信号無視」などの何らかの違反があった者が約 70％と、「直進」時の事故以外の事故での違反率が約 17 ～ 37％であるのに比べ、違反率が突出している。

3-4-2 指導のポイント

歩行者事故を防ぐためのポイントとして、次の点を指導する。

（1）歩行者を早めに発見すること

　歩行者死亡事故の多くは、ドライバーによる歩行者の発見の遅れが原因となっていることから、

逆に、歩行者を早めに発見できれば、事故を防止できる可能性が高まる。
　このような観点から、次のような点をドライバーに指導する必要がある。
① いわゆる「ながら運転」の防止（詳しくは本章の「3-1『ながら運転』を防止する管理の考え方」を参照されたい。）
② 夕暮れ時の早めのヘッドライト点灯

　ヘッドライトの点灯遅れを防止するとともに、歩行者に自動車の存在を認識させる被視認性を高める効果が期待できる（図3-8）。「見えにくくなったらライトをつけよう」ではなく、点灯するタイミング、時間を決めておき、暗くなり始める前にライトがつくようにする。
③ 上向きライトに小まめに切り替える

　ライトを上向きにすることで視界が広くなり、暗闇などに潜んでいる危険を早く発見できるようになる。特に、黒っぽい服装の高齢歩行者などには接近するまでドライバーが気づかないケースも多く、上向きライトはこのような歩行者の発見に効果がある。ただし、明るい場所や対向車が接近している場合は下向きライトに切り替える必要があり、その際に視界が十分に確保できない時は、むしろ確保可能な視界に応じて、いつでも停止できるような速度まで速度を落とす必要がある。
④ 歩行者の行動パターンを理解する

　例えば、子どもについては急な飛び出しの可能性を、高齢者については早朝の散歩時に道路を横断してくる可能性を、交差点付近では信号が変わる前後に走りこんでくる歩行者の存在を、それぞれ想定して運転することが重要である。また、朝の登校時間帯や夕方から夜の時間帯に歩行者事故が多いことや、特に夕方から夜の時間帯に死亡事故が多いことを認識し、これらの時間帯には歩行者に十分に注意して運転する必要がある。

(2) いつでも停止できるような速度で走ること

　次に、歩行者発見後、衝突前に停止できる速度以内に速度を抑える必要がある。
　死亡事故は衝突速度20km/h以下の低速域でも多く発生しており、大きな駐車場や高速道路のサービスエリア（SA）、パーキングエリア（PA）などでも発生している。特に、大型車やワンボックス車が子どもや高齢者と衝突し、低速にもかかわらず歩行者の頭部や腹部の上を轢過したため死亡事故に至るようなケースも発生している。低速であっても十分危険であり、注意は怠れないということを十分認識する必要がある。

このため、子どもの近くや歩行者がいる交差点などを通過する場合は、いつでも停止できるような速度まで確実に減速するとともに、歩行者との距離を保ち、その動静に注意を怠らないようにする。また、運転態度も、歩行者優先・歩行者保護の考え方をとるよう指導する。

> **Check! ここがポイント** 3-4について
>
> ✓ 歩行中の死者数は交通手段別死者数では最も多く、全体の約37％を占める
>
> ✓ 歩行者死亡事故時の車の行動パターンは直進時が大部分を占め、致死率も高い
>
> ✓ 「直進」時事故では、ドライバー側の要因には「漫然運転」・「脇見運転」があり、歩行者側には「車両の直前・直後の横断」や「横断歩道外横断」「信号無視」がある
>
> ✓ このため、「ながら運転」を防止するとともに、夕暮れ時の早めのヘッドライト点灯、上向きライトへのこまめな切り替えなどにより、歩行者のいち早い発見をめざす。また、歩行者の動静に応じたいつでも停止できる速度で走る

3-5 自転車事故の防止

(1) 自転車をめぐる状況

　近年、交通事故は、死亡者数・負傷者数がともに減少傾向にある一方で、自転車事故はなかなか減少しない状況にある。図3-9は交通事故全体に占める自転車事故の割合の推移を示しているが、最近では、自転車の死亡事故は13%程度が続き、重傷事故は20%を超える水準にある。

　他方で、自転車利用の動向に目を向けると、東日本大震災後の計画停電による公共交通機関の混乱やガソリン不足を契機に、地球温暖化防止・省エネ意識の向上とも相まって、自転車通勤の増加も報じられたが、このような状況も背景に、自転車対歩行者の事故件数は2011年は2,806件と10年前の約1.5倍に増加している。従来、道交法上、指定場所を除き自転車は車道を走るものとされているとおり、自転車と歩行者の事故を防止するため、警察庁は自転車と歩行者との分離を推進する方針を表明しており、自転車が車道を走る流れが強まっている。さらに、高速での走行が可能なスポーツタイプの自転車や電動アシスト付き自転車の人気が高まり、その普及が進んでいる。今後、車道での自転車走行の増加と走行速度の高速化が見込まれる。しかしながら、携帯電話で話しながらの走行や車道の逆走など、自転車利用者のマナーの悪さを指摘する声は依然として多い。

　このような状況を背景に、企業では、社有車の安全運転対策の一環として、自転車事故対策に取り組む必要に迫られている。

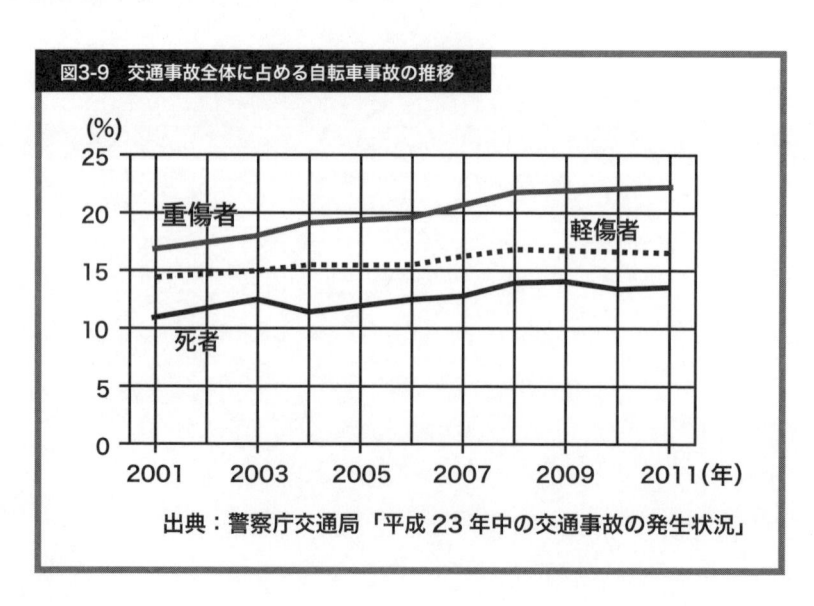

図3-9　交通事故全体に占める自転車事故の推移

出典：警察庁交通局「平成23年中の交通事故の発生状況」

(2) 自転車事故の状況

　2011年中の自転車関連事故の発生件数は約14万件であり、全交通事故の20.8%を占める。うち、自転車と自動車の事故は自転車が関連した事故の約84%を占める。2001年～2009年の分析データによると、自転車と車両（自動車や二輪車など）による交通事故の死傷者数は、「出合い頭」（図3-10）での事故が最も多く55.3%を占め、続く「右折時」、「左折時」を合わせると、交差点での死傷事故は合計で78.2%と、自転車事故の大部分を占めている（図3-11）。致死率については、「追突（進行中）」が4.72%（約20人に1人）と、他の場合に比べ著しく危険性が強い（図3-12）。

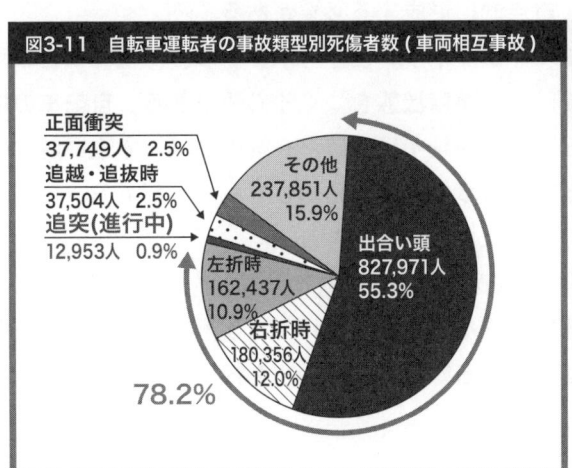

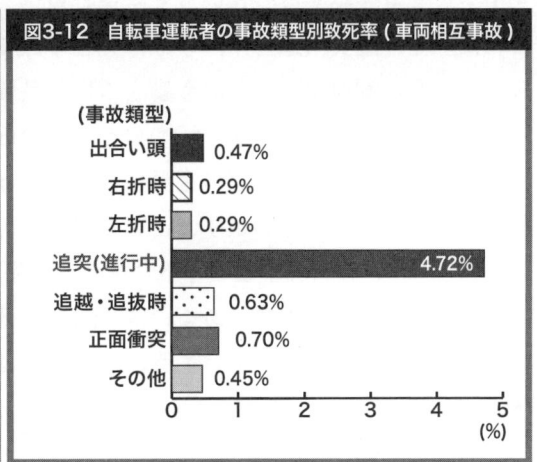

図3-10　出合い頭事故の例

図3-11　自転車運転者の事故類型別死傷者数（車両相互事故）

- 正面衝突　37,749人　2.5%
- 追越・追抜時　37,504人　2.5%
- 追突(進行中)　12,953人　0.9%
- 左折時　162,437人　10.9%
- 右折時　180,356人　12.0%
- 出合い頭　827,971人　55.3%
- その他　237,851人　15.9%
- 78.2%

図3-12　自転車運転者の事故類型別致死率（車両相互事故）

(事故類型)
- 出合い頭　0.47%
- 右折時　0.29%
- 左折時　0.29%
- 追突(進行中)　4.72%
- 追越・追抜時　0.63%
- 正面衝突　0.70%
- その他　0.45%

出典：東京海上日動火災保険株式会社「安全運転ほっとNEWS」2012年7月号「自転車に気をつけよう」および公益財団法人交通事故総合分析センター「イタルダ・インフォメーションNo.88 走行中自転車への追突事故」を基に東京海上日動火災保険が作成。

(3) 自転車事故対策の視点

　自転車事故の原因としては様々なものが考えられるが、2011年中に起きた自転車事故による死傷者数のうち、自転車側が法令違反を起こした割合は64.9%と高く、ルールを無視した自転車の危険運転が事故の大きな原因の一つとなっていることが分かる。また、自転車利用者がイヤホンで音楽を聴いていたり、携帯電話で電話やメールをしながら運転をしたり、あるいは車道を逆走したりするなど、自転車側が周囲にきちんと注意を払わず危険な運転をしているケースも多く、自転車利用者のモラル教育や規制強化を本格的に行う必要があることを示している。
　一方で、社有車の安全運転対策の観点からは、まずは、自転車側の法令違反が多い現状を踏まえ、

ドライバーにとって「自転車は危険」という認識を持たせることが重要である。この「自転車は危険」という認識に対応する運転態度は「回避」であり、「自転車は回避」という姿勢での防衛運転(他の人の運転や行動がいかに不適切であろうとも、事故の発生を防止できる運転法)を習慣づける必要がある。

ところが、現状では「回避」というよりも「どかす」、「並走し、追い越す」という攻撃的な運転態度が散見される。自転車事故は自転車側の法令違反もさることながら、ドライバー側のこのような態度も事故の原因となっており、自転車に対する認識や運転態度を確実に修正する必要がある。

(4) 指導のポイント

まず、「自転車は回避」という姿勢を大前提とすべきである。その上で、自転車事故の多くは交差点で起きていることをデータで示し(出合い頭事故)、認識を共有した上で、①交差点付近で自転車を追い越さない、出合い頭事故対策のため、②交差点への加速進入を避け、交差点手前で左右両サイドを安全確認する、という安全運転習慣を重点的に形成する必要がある。

これに加え、追突(進行中)事故が死亡事故につながりやすいことも示しつつ、③視界に自転車が入った場合は減速する、という癖をつけ、危険回避の準備状態をつくる必要がある。自転車の追い越しもなるべく避けたいが、④やむを得ず自転車を追い越す場合は、一気に加速して追い越すのではなく、あらかじめ自転車の視界に入り、自転車に自車の存在を認知してもらった上で、自転車の動静を見極めてから追い越す、という二段階の方法によるべきである。

追い越し時には、自転車との「十分な側方間隔」を確保することばかり強調されがちだが、これだけでは「加速して追い越す」あるいは「隣の車線に膨らんで追い越す」という運転態度を十分に是正できない。よって、やむを得ず追い越す場合は「二段階での追い越し」を行うよう指導する必要がある。

Check! ここがポイント 3-5について

- ✓ 事故全体に占める自転車事故の割合は漸増傾向にある

- ✓ 自転車事故の80%以上が自動車との事故。また、事故のパターンは出合い頭事故、右左折時事故が全体の80%弱を占める

- ✓ 自転車事故の自転車側の法令違反割合は64.9%と高い。この現状を踏まえ、「自転車は危険」との認識のもと、防衛運転を徹底する

- ✓ 回避としては、①交差点付近で追い抜かない、②交差点手前での車の左右両サイドの確認、③自転車が見えたら減速、を徹底する。やむを得ず追い越す場合も、自転車の視界に一旦入って存在を知らせてから追い抜く、「二段階での追い越し」を行う

3-6 新入社員の本質的な教育法

(1) 新入社員の交通事故の特徴

　新入社員の事故は、配属直後よりも2～3カ月後程度から増えるという企業が多い。**図3-13**は一般営業車、特に直行・直帰になりやすく運転時間も長い医薬品業界の医薬情報担当者（MR:Medical Representatives）の新入社員が事故を起こす時期を示している。この企業は入社時の4月から配属されるが、やはり事故の増加トレンドは配属直後よりも2～3カ月を経過した時期以降にある。このような傾向は多くの企業で見られるものである。

　多くの企業では、新入社員の事故原因を車両感覚などの運転技能不足にあると考えがちである。しかし、原因の大部分が運転技能にあるのであれば事故は配属当初に集中するはずが、実際には配属後一定期間後に起きている事故の比率が高い。このことから、**図3-14**に示すように、運転技能は未熟ながらも配属当初は慎重な運転態度で技能不足がカバーされており、一定期間を経て安全確認や運転操作の慎重さのレベルが落ちることで事故が発生しやすくなるのではないかと考えられる。

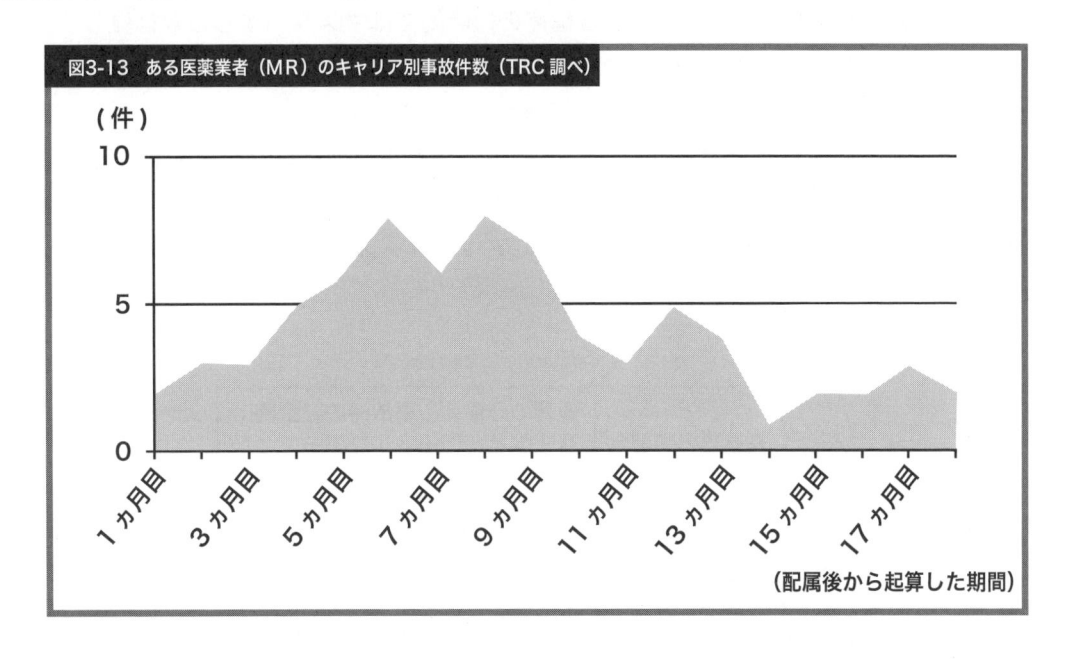

図3-13　ある医薬業者（MR）のキャリア別事故件数（TRC調べ）

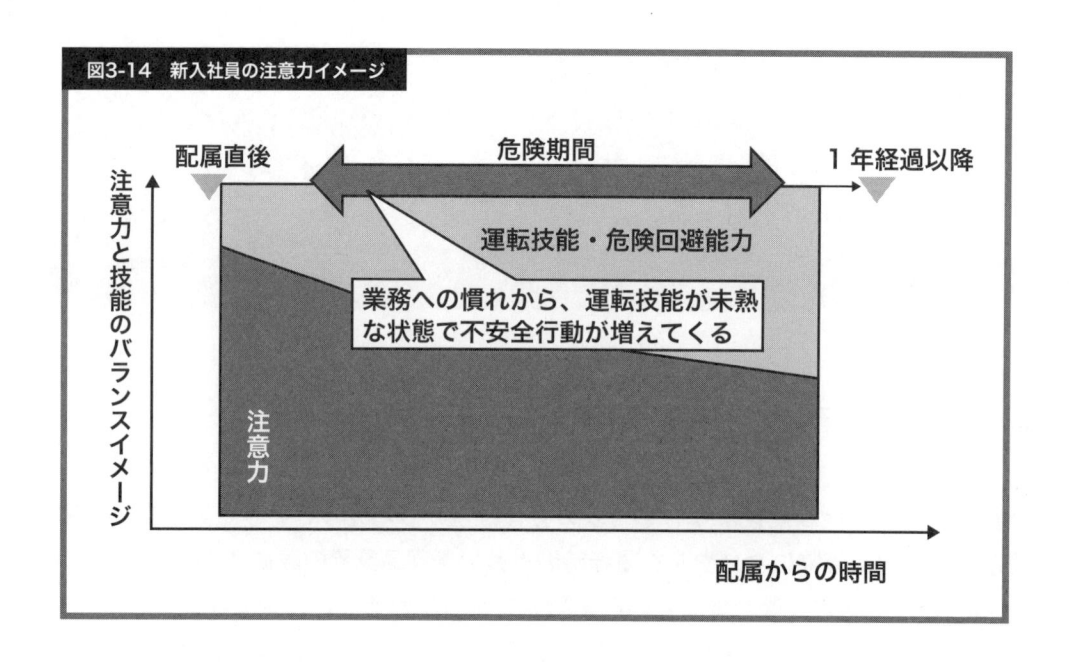

図3-14 新入社員の注意力イメージ

（2）一般的な新入社員教育と問題点

　企業でよく行われている新入社員の安全運転教育は、表3-1 に示すようなものである。これは、新入社員教育に比較的真面目に取り組んでいる企業の例であるが、次のような問題がある。
① 配属直前に内容が集中しており消化不良になりやすいこと
　→ 特に、運転技能のトレーニングは半日程度の短時間ではマスターすることは難しく、ペーパードライバーではかえって不安になってしまうことも少なくない。
② 配属後に実際の職場での安全運転教育が行われないこと
　→ 管理者の裁量により行われるケースもあるが、全社共通のプログラムや管理者の具体的な役割などが示されていないことが多い。
③ 事故時の教育内容が教習所などの社外機関にアウトソースされ、職場の管理者などが関与せず、内容も技能面に集中しやすいこと

表3-1　新入社員向け安全運転教育の例

配属直前	安全運転講習会	運転の心構え、事故時の社会的責任など運転モラルをテーマとするもの
	運転適性診断	危険認知力、心理特性などをみる総合的な検査
	教習所での技能チェックとトレーニング	半日程度で教習所コースを使って行う技能チェックと車庫入れなどのトレーニング
事故時	教習所でのトレーニング	事故を起こした場合、半日程度、教習所コースを使って行う

(3) 新入社員教育に必要な考え方

　(2) で述べた三つの問題点を克服した新入社員教育が必要である。具体的には、教育を配属直前に集中させず、配属後にも職場で教育を行うプログラムを構築することであり、内容面では運転技能のトレーニングに偏らず、事故データなどから導き出される「必要だが抜け落ちている」安全確認の習慣化を不断なく求めることである。これらをベースとして、社外機関である教習所などとの連携を図ることが効果的と言える。

　このような考え方を実現するためには、大きく次の三つのことが必要である。

　一つ目は、新入社員の事故データを正確に分析し、発生時期、場所、直接的（事故時の交通環境から読み取れるヒューマンエラーの内容）および背景的な要因（事故時の業務状況など）を把握すること。その上で、必要な安全確認が抜け落ちている状況を正確に伝えることである。

　二つ目は、安全運転教育の機能を本社管理部門に集中させず、配属先の職場にも持たせることである。具体的には、管理者が企業内で繰り返し起きている事故を定期的に周知し、さらに定期的に車両と運転のチェックを行うことである。

　三つ目は、これらの教育プログラムを構築するだけでなく、職場での教育状況を定期的に本社管理部門が把握できるチェックの仕組みをつくることである。特に、新入社員への教育を行う配属先の職場管理者による教育状況を本社管理部門が一元的にチェックすることが、新入社員本人をチェックすること以上に重要である。これにより安全運転の企業文化が醸成され、結果として安全運転への新入社員の良いしつけになるのである。

(4) 事故を防止するための基本的な安全運転習慣

　前述したように、新入社員への教育は運転技能の補強だけでなく、基本的な安全確認が抜け落ちない安全運転習慣づくり、言わば「しつけ」が必要である。企業では、この考え方を踏まえ、以下の五つの安全運転習慣づくりを、管理者と新入社員とのコミュニケーションの中で行うことが望ましい。この五つの安全運転習慣は、新入社員が陥りやすい運転特性に対応するものである。それぞれの内容は第2章で詳解しているので、詳しくはそちらを参照いただきたい。

【安全運転習慣1】正しい運転姿勢の維持（32ページ参照）

　　具体的には両肩をシートに付ける姿勢である。新入社員の場合、車やスピードに慣れていないことから、ハンドルに体を近づけ、姿勢が前屈みになる傾向があり、運転時の視野が狭まる。具体的には、人間の視野は両サイドで110°程度であるが、前屈みになることにより3分の1程度狭まることになり、左右からの危険や脇から来る自転車や歩行者の認知が遅れてしまう。

【安全運転習慣2】速度変化の小さい「定」速運転（36ページ参照）

　　具体的には、1秒ごとの速度変化が5km/hを超えないことである。速度変化を小さくすることで安全確認を徹底しやすくなり、周囲の危険を見つける運転ができるようになる。

【安全運転習慣3】バックギアを入れる前の指差し確認（39ページ参照）

> 新入社員の泣きどころである駐車場・構内バック事故に対応するものである。バック事故は、車両感覚を中心とする運転技能補強が対策の中心に置かれやすいが、ここでは運転技能が未熟でも事故にならない安全確認を徹底させることを中心とする。
>
> **【安全運転習慣4】駐車スペース半分での一時停止と安全確認（44ページ参照）**
> 慣れてくると車止めに向かって一気にバックするような運転が目立つが、バックを一気に行うと後方の障害物との接触リスクが高まる。そこで最終停止前に一旦停止することで、再度落ち着いて後方の安全確認を行う運転行動を安全運転習慣化することである。
>
> **【安全運転習慣5】サイドブレーキの活用（47ページ参照）**
> 慣れてくると「ながら運転」を始めるようになる。地図やカーナビ、業務資料、伝票などを見ることや携帯電話の使用である。停止時のサイドブレーキを引いた状態でなければ操作器具を手にしてはならないということを、「しつけ」として安全運転習慣にまで安定化させる。

(5) 管理者の役割

　安全運転習慣づくりには新入社員の自主的な努力だけでなく、管理者による支援が不可欠である。この場合の支援とは単に「教える」ことではない。安全運転習慣のそれぞれの意味はすぐに理解できるものであり、少なくとも、管理者が「教える」ために多くの時間を割く必要はない。重要なことは「見てあげる」ことである。新入社員に示した安全運転習慣が運転中に適切にできているかどうかを、継続的に「見てあげる」ことである。さらに、できていないときに修正を指導し、できているときには労い、応援してあげることである。

　このことが、社員が自律的に安全運転習慣を身に付けるためのエンジンになる。このエンジンは社外に求めることはできない。管理者がこのような役割を適切に果たすことが求められる。

　なお、この「見てあげる」こととしては、第4章で解説する添乗チェックを交えて行うことが望ましいが、業態や社内の体制などによって実施が難しい面があるかもしれない。しかし、その場合でも、一度教育・指導した内容がその後もできているかということを、本人や周囲に確認するなど、管理者がフォローしているという態度を示すことが大切である。

Check! ここがポイント　3-6について

- ✓ 新入社員の事故は配属後一定期間経過してから増加する傾向にある

- ✓ これは、運転技能の未熟さを慎重な運転態度でカバーしていたものが、慣れにより慎重さのレベルが低下してくることに原因があると考えられる

- ✓ 新入社員への教育は、運転技能の補強だけでなく、基本的な安全確認が抜け落ちないよう安全運転習慣づくり（言わば「しつけ」）を行う

- ✓ 安全運転習慣を定着させるには、管理者が日常的に「見てあげる」ことが大切。できていない場合は修正を指導し、できているときには労い、応援する

3-7 シニアドライバーへの対応

　多くの企業でドライバーの高齢化が進んでいる。65歳以上のシニア層はベテランドライバーではあるが、事故は決して少なくない。また、起こしやすい事故にも特徴がある。**図3-15**は年齢層別の事故件数である。これを見ると、若年層（29歳以下）だけではなくシニア層（65歳以上）でも事故の山ができていることが分かる。

　また、**図3-16**は年齢層別の頻出事故パターンを示しており、加齢に伴い増加する事故として、駐車場・構内でのバック時の事故、信号のない交差点での直進時・右折時の事故が挙げられる。

　これらの交通環境の共通点は、行わなければならない安全確認や運転操作が多い（連続・複数場面）ということである。こうした環境では誰もがミスやエラーを起こしやすいものだが、シニア層では、その傾向が一層強くなるのかもしれない。

　ここでは対策として、起こしやすい事故に合わせた安全運転習慣のシニア層版を紹介する。ポイントは、連続・複数場面で素早く安全確認が行えるようにするわけではなく、運転自体をなるべく複数の段階に分けて行い、確実に安全確認ができるような環境づくりをすることを念頭に置いているということである。

　シニアドライバーのための10の安全運転習慣に関して以下に概説をする。この10の安全運転習慣は起こしやすい事故に関するもの、さらにはそれに限らない基礎的なものも含めている。これは前述した企業のドライバー全般に向けた安全運転習慣と重複するところもあるが、シニア向けとして改めて考案したものである。

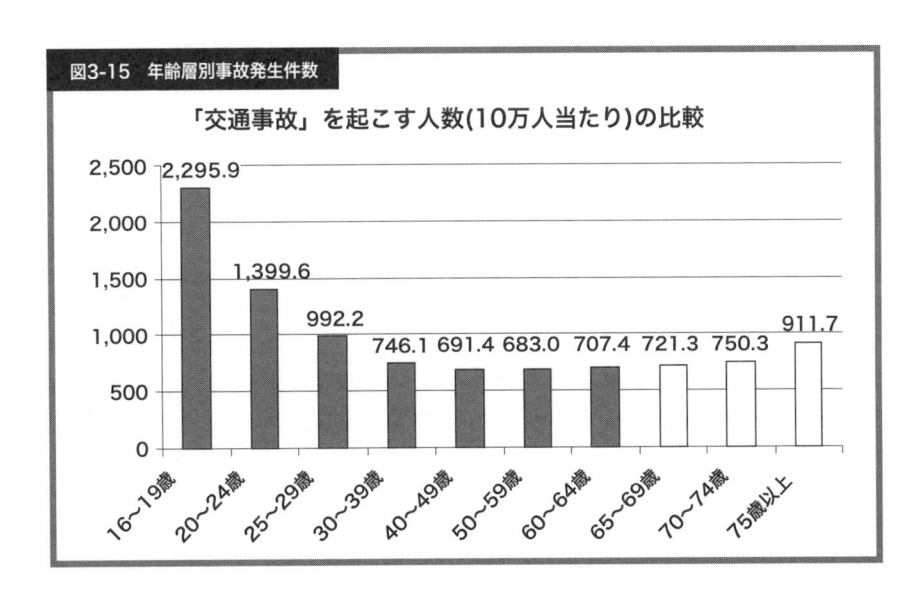

図3-15　年齢層別事故発生件数

「交通事故」を起こす人数(10万人当たり)の比較

年齢層	件数
16〜19歳	2,295.9
20〜24歳	1,399.6
25〜29歳	992.2
30〜39歳	746.1
40〜49歳	691.4
50〜59歳	683.0
60〜64歳	707.4
65〜69歳	721.3
70〜74歳	750.3
75歳以上	911.7

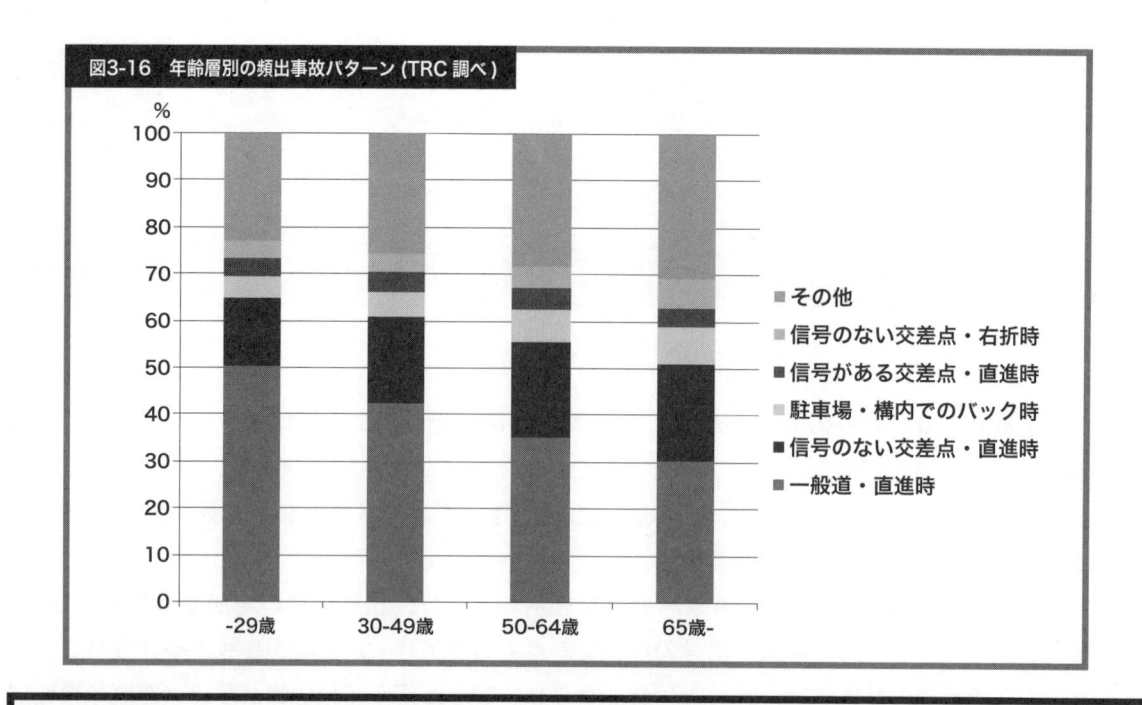

図3-16　年齢層別の頻出事故パターン (TRC 調べ)

凡例：
- その他
- 信号のない交差点・右折時
- 信号がある交差点・直進時
- 駐車場・構内でのバック時
- 信号のない交差点・直進時
- 一般道・直進時

横軸：-29歳／30-49歳／50-64歳／65歳-

【安全運転習慣1】両肩をシートに付ける運転姿勢（32ページ参照）

　　運転前に運転姿勢を修正するもので具体的には両肩がシートに付いている状態を指す。また、この状態でルームミラーなどのミラーを合わせることが前提である。ミラーを合わせることは一般的に大切なこととして指導されることが多いが、ポイントは正しい姿勢で合わせるということである。

【安全運転習慣2】走行中は200mに1回のミラー確認（32ページ参照）

　　走行中は200mに1回程度、ルームミラーを見ることにより、周囲への安全確認だけではなく、運転姿勢に崩れがないかを確認することにもつながる。むしろ、シニア層は筋力低下などで姿勢維持が難しい場合があるので、意識的に姿勢をチェックする習慣をつけるのが望ましい。

【安全運転習慣3】走行中は「定」速運転を行うこと（36ページ参照）

　　「定」速運転とは速度変化を小さくした運転を心掛けることであり、具体的には1秒間の速度変化が5km/hを超えないようにすることである。これは発進から一般的な巡航速度である40km/hまでの加速に8秒かけるというものだ。大事なことは、速度変化を小さくすることで、周囲へ無理なく注意を払えるような環境をつくるということである。

【安全運転習慣4】停止時はサイドブレーキを引くこと（47ページ参照）

　　信号待ちのときは待ち時間の長短にかかわらず、サイドブレーキを引くことが望ましい。また、信号以外でも前方から目を離す時は、必ずサイドブレーキを引くことが必要である。サイドブレーキを引くかどうかは、その停止時間で判断されることが多いが、大事なことは目線を前方から外すときはサイドブレーキを引くということである。

【安全運転習慣5】相手車優先の信号のない交差点への進入時は二段階停止を行うこと（51ページ参照）

この相手優先（自車非優先）の信号のない交差点への進入時は、特にシニアドライバーで事故の割合が高い。自車が相手優先の信号のない交差点への進入時は停止線と進入口の双方で停止し、安全確認を行うことが求められる。（図3-17）

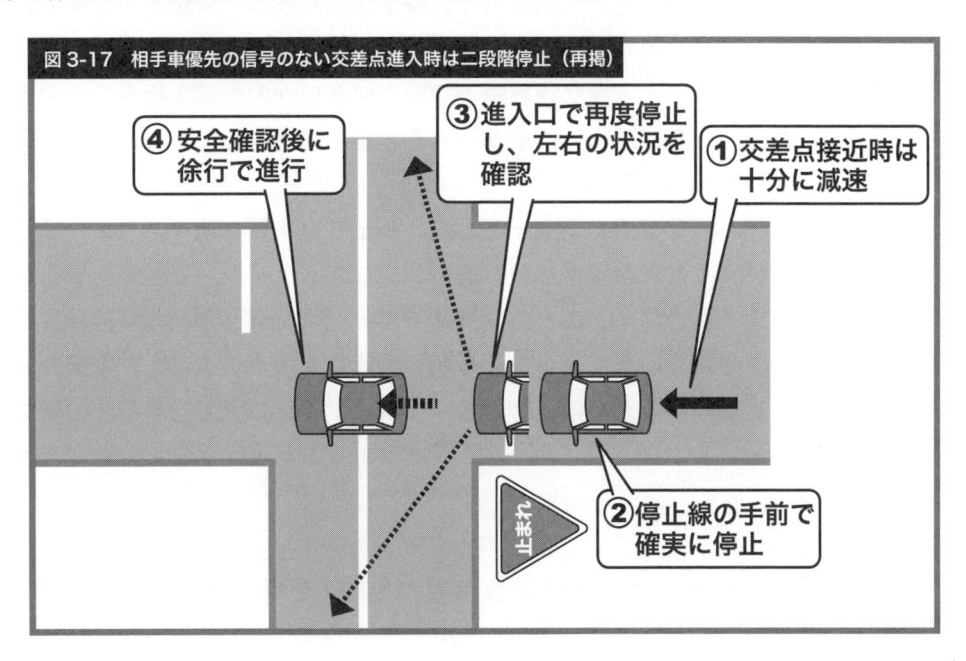

図3-17　相手車優先の信号のない交差点進入時は二段階停止（再掲）

① 交差点接近時は十分に減速
② 停止線の手前で確実に停止
③ 進入口で再度停止し、左右の状況を確認
④ 安全確認後に徐行で進行

【安全運転習慣6】自車優先の信号のない交差点への進入・通過時はアクセルを離した状態をつくること（55ページ参照）

　自車優先時、信号のない交差点進入時は進入から通過までアクセルによる加速をせず、アクセルペダルから足を離してブレーキペダルに足を乗せた状態をつくることが必要である。

【安全運転習慣7】駐車場・構内バック時はバックギアに入れる前に、周囲確認のための指差し確認を行うこと（39ページ参照）

　バックギアに入れる時、そのままの流れでバックをせず、一旦運転を切り、サイドミラー・ルームミラーで周囲の安全を指差し確認し、安全確認後にバックギアに入れるようにする。

【安全運転習慣8】右折時は回るような右折を行うこと（58ページ参照）

　右折時に開始から終了までを最短距離で行うショートカット右折をせず、大きく回るような右折を行うこと。ゆっくりと回って右折するイメージを持つこと。

【安全運転習慣9】左折時は二段階左折を行うこと（63ページ参照）

　左折前に十分な減速の後で左右安全確認を終えておき、左折時は横断歩道手前（あるいはハンドルを左へ半分程度切った時点）で一旦停止して、再び安全確認をした上で左折を完了すること。

【安全運転習慣10】運転終了時はシートを一番後ろまで下げること（32ページ参照）

　運転が終わった段階ではシートを最後尾まで下げ、次の乗車では、また最初からシート調整を行わなければならない状況をあえてつくるようにすること。

シニアドライバーは多くの場合ベテランドライバーでもある。したがって、安全運転教育でも初心者とは異なる内容が求められる。具体的には基礎的な運転技能面や心構えを復習するよりは、長期間にわたって身についた運転ぶりが安全運転の観点から適切であるかを客観的に評価し、それに基づいた対応策を実践することである。上記に掲げた安全運転習慣は、安全確認を中心として、ドライバー自身が確実な安全行動がとれているかをチェックするための項目でもある。シニアドライバーが事故を起こしやすい環境で不安全な運転癖がついていないかの確認を行うことである。

　これらをチェックした後、自身で適切ではなかった安全確認箇所を洗い出し、それを意識して修正し、日々実践することが求められる。

　管理者は、シニアドライバーをサポートするために、チェックを繰り返す、つまりは「見てあげる」ということを積極的に行うことが望ましい。また、シニアドライバーでグループをつくり、自律的に相互チェックができるようにすることも効果的である。常に上記の安全運転習慣に立ち返り、管理者とあるいはグループで相互にチェックをしながら実践を継続させることが重要である。

　日々の実践とチェックを継続するために、管理者、グループ、シニアドライバーの間での合理的で共通の基準が必要であり、シニアドライバーのための10の安全運転習慣がまさにそれにあたるというわけである。

参考文献：「シニアドライバーのための安全運転習慣10」（北村憲康著、企業開発センター、2013.1）

Check! ここがポイント 3-7について

- ✓ シニアはベテランドライバーではあるが事故は少なくない
- ✓ シニアドライバーは、連続して複数の安全確認をする場面で事故が多く、特に、駐車場・構内でのバック事故、信号のない交差点での出合い頭事故、右折事故割合の増加が特徴となっている
- ✓ 必要な安全運転習慣と比較して、危険な運転癖がついていないかをチェックする
- ✓ 危険な運転癖は修正し、日々の運転の中で安全運転習慣を実践する。管理者が、あるいはシニアグループ内で、フォローして継続を図る

3-8 事故惹起者・多発者への対応

(1) 事故惹起者と事故多発者

「事故惹起者」とは事故を発生させた者であり、「事故多発者」とは繰り返し事故を起こす者である。「事故多発者」の定義は、企業によって、「1年間で2回以上」「1年間で3回以上」「配属後2回目」など様々である。

事故多発者が見られやすい層には、まず若年層が挙げられる。20代前半までの若年層のドライバーは、業務にも不慣れで運転技能も十分ではないことが主たる原因と考えられる。

表3-2は、過去3年間に発生させた事故件数に対して、同じドライバーがその後3年間に事故を起こす確率を示したものである。事故を2回以上起こしたドライバーは、無事故のドライバーの実に6.4倍の確率でその後も事故を起こしていることが分かる。このように、過去に事故を多く起こしたドライバーがその後も事故を繰り返す傾向があることや、交通違反を繰り返し犯すドライバーは、事故を起こし、違反も多く犯す傾向が強いことが知られている（なお、自動車安全運転センターが発行する運転記録証明書により、個々のドライバーの過去5年・3年または1年間の交通違反、交通事故、運転免許の行政処分の記録を確認できる）。

さらに、企業によっては、特定の業務に従事するドライバーや特定の事業所で勤務するドライバーに事故が多発するケースも見られる。この原因は、例えば、運行計画に無理があったり、業務内容が複雑で運転にも影響を与えていたりするなどの理由が考えられる。

いずれにしても、その対策は原因を分析した上で、継続的に考えなければならない。事故原因をきちんと把握・分析し、それに応じた対策を適切に講じることは再発防止の観点からも非常に重要である。事故原因の把握・分析に際しての実務的な注意点などについては第4章を参照されたい。

表3-2　事故惹起者・事故多発者の事故再発率

過去3年間に発生させた事故件数	その後3年間に事故を起こす確率	(参考) 事故0回の場合との比較
事故2回以上	16.7%	6.4倍
事故1回	6.7%	2.6倍
事故0回	2.6%	1.0倍

出典：公益財団法人交通事故総合分析センター「イタルダ・インフォメーション No.73 事故と違反を繰り返すドライバー」図1より東京海上日動リスクコンサルティング（株）が作成

(2) 企業で行われている事故惹起者・多発者対策の実態と問題点

　事故惹起者や事故多発者に対する企業の対策は、事故多発者には運転技能が未熟な若年層が多いという実態から、運転技能の補強が中心になりやすい傾向にある。例えば、最寄りの自動車運転教習所で半日程度、運転技能の訓練を受けるようなケースが非常に多い。また、この前後に運転適性検査を行うこともある。そして、技能訓練を受けた事故多発者は、その後すぐに職場へ戻り、運転を再開するのである。

　さらに、最近では減りつつあるものの、やはり半日程度の時間をかけて反省文を書かせたり、管理者から厳しい訓示を受けたりするなど、いわゆる精神論的な意識づけを行う例もある。ただ、こうした対策は、一般的に、安全確認ミス・運転操作ミスなどの事故原因への対策とは直接の関係はない。したがって、事故再発のリスクを引き下げる効果が乏しい上、過剰に実施すると、事故の隠ぺいなどの副作用にもつながりかねず、優先度が高く、効果的な対策とは言えない。これに加え、事故を起こした場合の罰金などのドライバーへの制裁制度を設けている企業も多いが、これについても様々な問題があり、その導入や内容については、慎重な検討が必要であることから、第4章で詳述する（136ページ参照）。

　これらの対策に共通することは、対策が半日程度の1回きりのものであり、さらに、対策自体も企業の本社や委託先の自動車運転教習所などで行われ、事故惹起者・多発者が所属する職場の管理者などが同席することはほとんどないということである。このため、管理者はどのような対策が実施されたか詳細を把握できず、事故惹起者・多発者が技能訓練などを終えて職場に戻った後、その後のフォローを受けることもなく、職場でも事故の発生がいつの間にか風化してしまうことが多い。

(3) 事故惹起者・多発者対策をどのように構築するべきか

　上述したような企業が実施している事故惹起者・多発者対策の問題点を踏まえ、事故多発者が多い若年層を対象とした対策を例に、対策の本質を述べたい。

　多くの企業で実施されている若年層の事故惹起者・多発者に対する教習所などでの技能訓練自体は有益な対策と評価できるが、大切なのは、その後のフォローである。このフォローでは、当事者（事故惹起者・多発者）本人が真剣に再発防止に取り組むべきなのは言うまでもないが、管理者や先輩社員なども当事者のフォローを行っていく必要がある。この場合、重要なのは、当事者の技能上の弱点は何かをきちんと把握することである。弱点については、教習所などからレポートしてもらってもよいし、あるいは、事故分析や運転適性診断の結果、第4章に掲載している添乗チェックシートを活用することなども考えられる。この上で、当事者の弱点が克服されているかどうかを定期的に職場内でチェックすることが重要なのである。

　また、管理者だけではなく、職場内の複数の社員でチェックするとなおよい。即ち、技能面の弱点を同じ職場の仲間が「フォローしてあげる」「サポートしてあげる」という姿勢が必要なのである。「本社で研修を受けたら終わり」や「教習所で訓練を受けたら終わり」ではなく、むしろ、「その日からが始まり」という認識を企業内・職場内で共有することが必要なのである。

特に、事故多発者は複数の事故を起こした「実績」があり、今後も事故を起こすリスクが高い傾向にあることが知られており、いわゆる「真因」にまで踏み込み、その事故原因をきちんと把握・分析し、適切な対策を継続的に講じることが必要である。

その役割は、やはり、当事者が所属する職場の管理者が担うべきである。なぜなら、当事者と日常的に接する機会に乏しい本社や教習所とは異なり、当事者が従事している業務の実態や当事者の性格などを最もよく知ることができる立場にいるからである。具体的には、①事故原因の把握・分析、②運転技能のチェック、③定期的な添乗指導の3点セットで対策を行うとよい。このうち、②の技能チェックや③の定期的な添乗指導などには管理者以外の職場の先輩社員にも参画してもらうことが大切であり、これが「職場全体でサポートする」という印象を当事者に植え付けることになる。

(4) 企業の安全文化の醸成へ

このように、職場全体でフォローする仕組みをつくることにより、事故惹起者・多発者のみならず、それをサポートする他のドライバーにも安全への責任感を持たせるという副次的な効果も生じる。職場では、事故惹起者・多発者への丁寧な対応は難しいかもしれないが、このように職場全体で対策に取り組む職場対応型の対策は、長い目で見ると、職場全体の事故を減少させ、職場内の安全文化を醸成することにつながると考えてもらいたい。

本社預かり型、教習所完結型の指導は、「現場に本業以外の負担をかけるべきではない」、「運転技能の訓練などは専門家に任せたほうがよい」という発想からきている。確かに、現場にかかる負担は少なくない。しかし、事故惹起者・多発者は常に現場におり、現場で育っていくのである。また、管理者や先輩社員もかつては新入社員であったわけであり、当事者のフォローは全くの門外漢、ということではない。

企業の社会的責任として安全や環境への取り組みが重要視される中で、社会や時代の要請に応えつつ、自社の安全文化を創り・育てていくためには、現場である職場に安全運転管理へのかかわりをもっと強く持たせることが必要なのである。

Check! ここがポイント 3-8について

- ✓ 事故多発者は事故を繰り返す傾向がある

- ✓ 事故惹起者・多発者には、自動車運転教習所での運転技能の訓練や運転適性診断の受診などが行われるケースが多いが、一番重要なフォローが行われていないことが課題

- ✓ 反省文や管理者からの厳しい訓示などは、事故原因への対策とは直接の関係はなく、事故の隠ぺいなどの副作用もあり、効果は薄い

- ✓ 教育・指導後のフォローは、当事者のことをよく知っている管理者が、添乗指導なども含めて継続的に行うことが重要

- ✓ 先輩社員など職場全体でのフォローが、職場内の安全文化の醸成にもつながる

第4章

実践教育にすぐ使える基礎知識
~PDCA構築、事故対応、ドラレコ活用~

　企業の安全運転管理を適切に講じていくためには、「運転モラルの形成」や第2章・第3章で述べた自社のリスク実態に即した「ヒューマンエラー防止能力の養成」に加え、「これら双方を継続させる企業内の体制」の構築が欠かせない。本章では、ヒューマンエラー防止対策を中心に、管理者として最低限押さえておきたい実務知識について述べる（図4-1）。

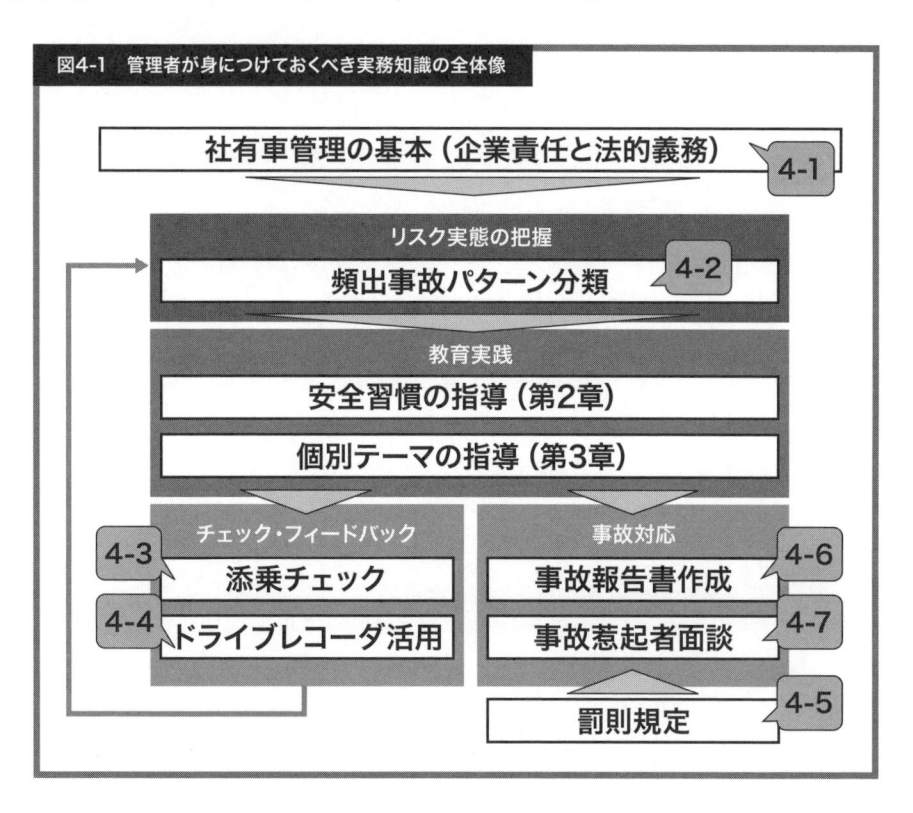

図4-1　管理者が身につけておくべき実務知識の全体像

- 社有車管理の基本（企業責任と法的義務）　4-1
- リスク実態の把握
  - 頻出事故パターン分類　4-2
- 教育実践
  - 安全習慣の指導（第2章）
  - 個別テーマの指導（第3章）
- チェック・フィードバック
  - 添乗チェック　4-3
  - ドライブレコーダ活用　4-4
- 事故対応
  - 事故報告書作成　4-6
  - 事故惹起者面談　4-7
  - 罰則規定　4-5

具体的には、まず、**事故発生時に企業に生じる責任、企業に対する法令上の義務**などについて述べる（4-1）。交通事故発生時に企業やドライバーに生じる責任としては、道義的責任、刑事責任、行政責任、民事責任の四つが挙げられるが、これ以外にも多岐にわたる直接・間接の「損失」が発生することも看過できない。また、道交法、自動車の保管場所の確保等に関する法律（車庫法）などにより、企業には、安全運転の管理の義務、自動車の保管場所の確保・整備管理・保険管理の義務が課されており、法令遵守（コンプライアンス）の観点からも、これらの義務の内容を正確に理解し、要求されている措置を適切に講じることが必要である。

　次に、ヒューマンエラー防止対策の基礎となる頻出事故パターンの把握法（4-2）、事故の再発防止策あるいは未然防止策として実施するドライバーへの添乗チェック法（4-3）、そして近年急速に普及しているドライブレコーダの活用法を紹介する（4-4）。ドライブレコーダは、事故解決や自己抑制のための活用にとどまっている企業が多いが、記録されたデータを上手に活用すれば、事故防止にも大いに役立つ。本章の内容を踏まえ、ドライバー教育にぜひ活用いただきたい。

　最後に、**事故発生後の対応**について述べる（4-5、4-6、4-7）。具体的には、事故発生時に作成する事故報告書について、様式例・記入例を示しながら、作成のポイントを紹介するとともに、その後の事故惹起者や事故多発者との面談の際のコミュニケーションに際してのポイントと面談後の継続的なフォローの実施について、その概略を述べる。事故惹起者や事故多発者との面談は、その後のフォローがなされていない場合も多いが、引き続き添乗などでフォローすることはドライバーによる再発防止策の実践度を高め、安全行動を習慣化する観点からも重要である。

4-1 社有車管理の基本（企業責任と法的義務）

4-1-1 事故発生時に企業に生じる責任

(1) 事故発生時に生じる四つの責任

　交通事故が発生した場合に企業やドライバーに生じる責任には、道義的責任、刑事責任、行政責任、民事責任がある。このうち、刑事責任や行政責任はドライバーに対して課されるのが通例だが、ケースによっては両罰規定などにより企業もドライバーとともに刑事責任を負う場合がある。行政責任も、例えば、社有車が放置駐車違反となり、ドライバーが反則金の納付等の運転者責任を果たさなかった場合には問われることとなり、都道府県公安委員会から企業に対し、放置違反金の納付命令が行われる。ドライバーの運転免許が取消されたり停止されたりすれば日常業務にも支障を生じる。
　また、民事責任は、自動車損害賠償保障法第3条および民法第715条に運行供用者責任や使用

＜法令における企業責任に関する規定＞

○自動車損害賠償保障法（昭和30年法律第97号）
　（自動車損害賠償責任）
第3条　自己のために自動車を運行の用に供する者は、その運行によつて他人の生命又は身体を害したときは、これによつて生じた損害を賠償する責に任ずる。ただし、自己及び運転者が自動車の運行に関し注意を怠らなかつたこと、被害者又は運転者以外の第三者に故意又は過失があつたこと並びに自動車に構造上の欠陥又は機能の障害がなかつたことを証明したときは、この限りでない。

○民法（明治29年法律第89号）
　（使用者等の責任）
第715条　ある事業のために他人を使用する者は、被用者がその事業の執行について第三者に加えた損害を賠償する責任を負う。ただし、使用者が被用者の選任及びその事業の監督について相当の注意をしたとき、又は相当の注意をしても損害が生ずべきであったときは、この限りでない。
2　使用者に代わって事業を監督する者も、前項の責任を負う。
3　前二項の規定は、使用者又は監督者から被用者に対する求償権の行使を妨げない。

者責任に関する規定がある。特に、運行供用者責任では、被害者保護の観点から、加害者に故意または過失がなくても損害賠償責任が発生することとなっている。裁判所の判例は、企業の責任を広くとらえる傾向にあると言われており、社有車の管理がずさんな場合は、社員の無断使用や盗難に遭ったようなケースでも企業が損害賠償責任を負う可能性は高い。

また、企業の責任が問われるケースは、自動車検査証上の所有者や使用者となる社有車に限らない。企業がマイカーの業務使用を命じ、またはマイカー通勤を認めている場合などでは、ケースにもよるが、マイカーで起こした事故について企業が損害賠償責任を負わなくてはならないこともある。これは、自動車に限らず、自転車やバイクを業務や通勤で使用しているような場合も同様である。企業は、この点も踏まえて対策を講じる必要がある。

(2) 多岐にわたる直接・間接「損失」

事故発生時に企業やドライバーに生じる四つの責任に加え、付随して多岐にわたる直接・間接の損失の発生も看過できない。

これらの責任や損失のうち損害保険によりカバーされるのは、あくまでも民事責任にかかる金銭や労力に限られており、残る部分は全て企業が負担することになる（図4-2）。さらに、民事責任も、契約している保険の内容などによっては、全てがカバーされるとは限らないことも十分に留意しておく必要がある（なお、企業が自ら所有・保有する車の総付保台数が10台以上の場合に締結することとなる、自動車保険のフリート契約では、図4-3のように、保険料は過去の損害率に応じて増減する仕組みとなっているため、保険料の節減・安定化の観点からも、社有車の交通事故防止に取り組む必要がある）。

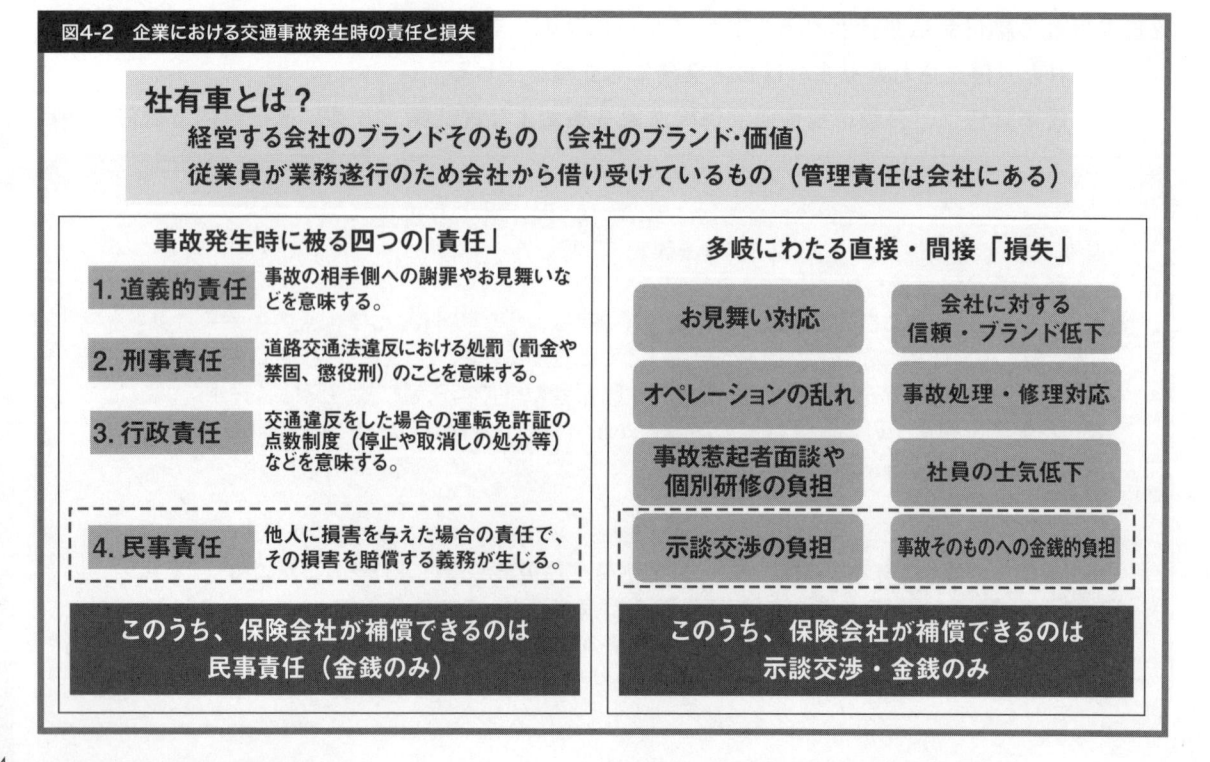

図4-2 企業における交通事故発生時の責任と損失

社有車とは？
経営する会社のブランドそのもの（会社のブランド・価値）
従業員が業務遂行のため会社から借り受けているもの（管理責任は会社にある）

事故発生時に被る四つの「責任」

1. 道義的責任：事故の相手側への謝罪やお見舞いなどを意味する。
2. 刑事責任：道路交通法違反における処罰（罰金や禁固、懲役刑）のことを意味する。
3. 行政責任：交通違反をした場合の運転免許証の点数制度（停止や取消しの処分等）などを意味する。
4. 民事責任：他人に損害を与えた場合の責任で、その損害を賠償する義務が生じる。

このうち、保険会社が補償できるのは民事責任（金銭のみ）

多岐にわたる直接・間接「損失」

- お見舞い対応
- 会社に対する信頼・ブランド低下
- オペレーションの乱れ
- 事故処理・修理対応
- 事故惹起者面談や個別研修の負担
- 社員の士気低下
- 示談交渉の負担
- 事故そのものへの金銭的負担

このうち、保険会社が補償できるのは示談交渉・金銭のみ

また、交通事故が重大なものだった場合、相手方はもとより、企業のかけがえのない財産である社員の命が失われるとともに、失われた社員が持っていた得難い知識や経験、人脈やビジネスチャンスまでもが失われ、遺族や企業の構成員一人ひとりに深刻な心の傷を残してしまうことがある。このことを忘れてはならない。

さらに、近年、安全運転管理や法令遵守の軽視が社会的な関心を集める大事故につながり、結果として企業が廃業や倒産に追い込まれる事例も多発している。安全運転管理の適否は時として企業の存続にまで影響を与える場合もあるのである。

図4-3 保険使用による保険料の割増

保険料の上昇抑制と安定化のためには、事故削減が不可欠

保険料 ＝ 単価 × 台数 × 割引率

- 損害率は保険金と保険料のバランスで決定されるので、損害率が高くなると優良割引の割引率が悪化。
- 優良割引を改善・維持していくためには、保険金の実額（事故）を減少させていくことが必要。

$$損害率 = \frac{保険金}{保険料}$$

Check! ここがポイント 4-1-1について

- ✓ 事故が発生した場合、企業やドライバーには、道義的責任、刑事責任、行政責任、民事責任が生じる
- ✓ 安全対策や法令遵守の軽視が、企業が廃業や倒産に追い込まれるような大事故になる事例が多発している
- ✓ 重大な事故では、人命が失われるだけでなく、その社員が持っていた得難い知識や経験、人脈やビジネスチャンスなど失うものが大きい
- ✓ 刑事責任や行政責任はドライバーに対して課されるのが通例だが、両罰規定やケースなどにより企業も責任を負う場合がある
- ✓ 民事責任における賠償責任（特に、運行供用者責任）は、判例では企業の責任を広くとらえる傾向にあり、企業が損害賠償責任を負う可能性が高い
- ✓ 責任や損失のうち損害保険によりカバーされるのは、あくまでも民事責任にかかる金銭や労力に限られている。事故増加は保険料の上昇（割引率の悪化）にもつながる

4-1-2 企業が果たすべき義務

安全運転管理に関し、法令上企業に義務づけられている主要な事項について、以下にその概要を

述べる。

(1) 安全運転の管理

　車両の使用者は、道交法に基づき、車両の運行を直接管理する地位にある者に、道交法等に規定する安全な運転に関する事項を遵守させるように努めなければならないこととされている。また、車両の使用者は、ドライバーに、車両の速度、駐車および積載ならびにドライバーの心身の状態に関し、道交法等に規定する事項を遵守させるよう努めなければならないこととされている（道交法第 74 条）。このため、企業は、法令遵守（コンプライアンス）の観点からも、適切に安全運転管理に取り組む必要がある。

　また、安全運転を確保する全般的な責任は、車両の使用者（企業の経営者）にあるが、企業の経営者は多種多様な仕事をしており、その責任の全てを実際に直接果たすことは難しい。経営者のこのような状況に鑑み、道交法で車両の使用者に対し、安全運転管理者の企業内設置が義務づけられている。経営者は経営者自身の代務者として使用拠点ごとに「安全運転管理者」（図 4-4）やそれを補助する「副安全運転管理者」（図 4-5）を選任し、公安委員会に届け出る義務を負っている（道交法第 74 条の 3）。選任を必要とする所有台数の基準は、道交法施行規則第 9 条の 8 に定められており、年齢や運転管理の実務経験、法令遵守等の基準を満たした者から選任する必要がある。

　なお、道交法上、安全運転管理者等の選任が義務づけられていない企業でも、道交法等に規定する車両の使用者の義務を遵守する必要があり、後述する交通事故時の責任も負うということに注意する必要がある。

○道路交通法（昭和 35 年法律第 105 号）
第 3 節　使用者の義務
（車両等の使用者の義務）
第 74 条　車両等の使用者は、その者の業務に関し当該車両等を運転させる場合には、当該車両等の運転者及び安全運転管理者、副安全運転管理者その他当該車両等の運行を直接管理する地位にある者に、この法律又はこの法律に基づく命令に規定する車両等の安全な運転に関する事項を遵守させるように努めなければならない。
2　車両の使用者は、当該車両の運転者に、当該車両を運転するに当たつて車両の速度、駐車及び積載並びに運転者の心身の状態に関しこの法律又はこの法律に基づく命令に規定する事項を遵守させるように努めなければならない。
3　（略）

図4-4　安全運転管理者の選任基準の概要

事業所（自動車使用の本処）ごとに1名を選任

乗車定員11人以上の自動車1台以上　または　その他の自動車5台以上
　↓
安全運転管理者

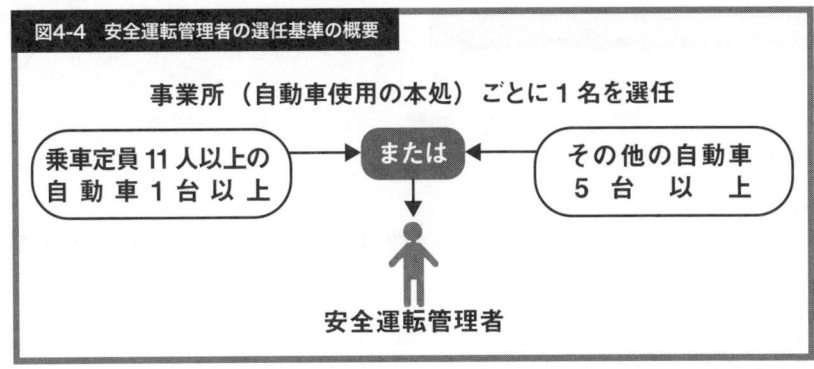

注：自動二輪車（原動機付自転車を除く）は1台を0.5台として計算。
出典：千葉県警察本部ホームページ

図4-5　副安全運転管理者の選任基準の概要

副安全運転管理者数は、自動車の台数によって異なります。

乗車定員を問わず自動車20台以上
　↓
副安全運転管理者

自動車20台につき1人の追加選任が必要となる。

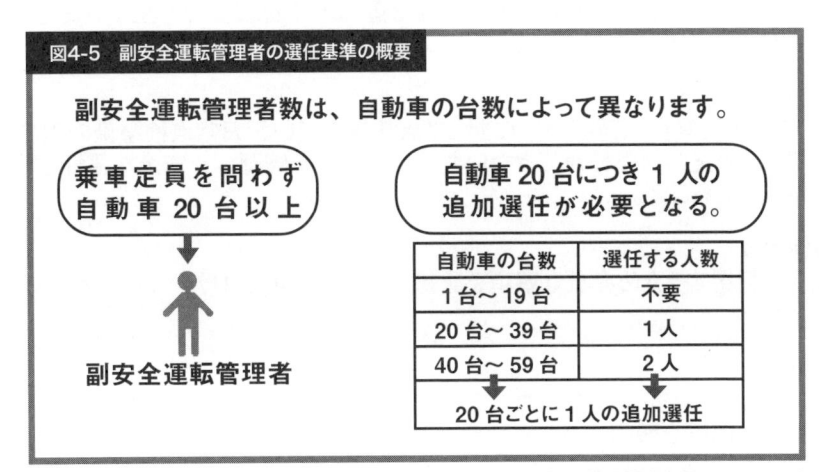

自動車の台数	選任する人数
1台〜19台	不要
20台〜39台	1人
40台〜59台	2人

20台ごとに1人の追加選任

出典：千葉県警察本部ホームページ

　安全運転管理者は、道交法第74条の3に基づき、「自動車の安全な運転を確保するために必要な当該使用者の業務に従事する運転者に対して行う交通安全教育その他自動車の安全な運転に必要な業務（自動車の装置の整備に関する業務を除く。）で内閣府令で定めるもの」を行うこととされており、その具体的な内容は図4-6のとおりである。自動車の使用者は、安全運転管理者に対しこれらの業務を行うため必要な権限を与えなければならない。また、都道府県公安委員会から安全運転管理者等講習の通知があった時は、安全運転管理者等に講習を受けさせなければならないこととされている。

　ただし、図4-6は必須業務として理解するべきものであって、企業では安全管理体制を構築する場合に、有益と考えられる業務を適宜追加することが望まれる。例えば、自動車保険に関する業務やマイカー通勤の管理などの業務の追加が考えられる。また、自動車の装置の整備に関する業務は道交法上の安全運転管理者の義務からは除外されているが、これらの業務を行うことが禁止されているわけではない。別途、道路運送車両法に基づき、自動車の使用者に対し点検整備等の義務が課されているため、実際には安全運転管理者がこれらの業務を兼務することもある。

図4-6　安全運転管理者の業務（道交法施行規則第9条の10）

運転者の適性等の把握
　自動車の運転についての運転者の適性、知識、技能や運転者が道路交通法等の規定を守っているか把握するための措置をとること。

運行計画の作成
　運転者の過労運転の防止、その他安全な運転を確保するために自動車の運行計画を作成すること。

交替運転者の配置
　長距離運転又は夜間運転となる場合、疲労等により安全な運転ができないおそれがあるときは交替するための運転者を配置すること。

異常気象時等の措置
　異常な気象・天災その他の理由により、安全な運転の確保に支障が生ずるおそれがあるときは、安全確保に必要な指示や措置を講ずること。

点呼と日常点検
　運転しようとする従業員（運転者）に対して点呼等を行い、日常点検整備の実施及び飲酒、疲労、病気等により正常な運転ができないおそれの有無を確認し、安全な運転を確保するために必要な指示を与えること。

運転日誌の備付け
　運転の状況を把握するため必要な事項を記録する日誌を備え付け、運転を終了した運転者に記録させること。

安全運転指導
　運転者に対し、「交通安全教育指針」に基づく教育のほか、自動車の運転に関する技能・知識その他安全な運転を確保するため必要な事項について指導を行うこと。

出典：千葉県警察本部ホームページ

（2）自動車の保管場所の確保

　自動車の保有者は、自動車の保管場所の確保等に関する法律（車庫法）に基づき、道路上の場所以外の場所において、定められた要件を満たす当該自動車の保管場所を確保することが義務づけられている。
　なお、自動車の保管場所を確保する際は、駐車場・構内でのバック事故が多くの企業の頻出事故パターンであることを踏まえ、安全な駐車・発車に適した配置・運用にも留意することが望ましい。

（3）自動車の整備管理

　自動車の使用者は、「自動車の点検をし、及び必要に応じ整備をすることにより、当該自動車を保安基準に適合するように維持しなければならない」（道路運送車両法第47条）こととされている。また、これを担保するため、日常点検整備の実施、定期点検整備の実施と点検整備記録簿の自動車への備え置き等が義務づけられている。このため企業では、法令の規定に沿って、自動車の整備管理体制を整備する必要がある。

なお、営業用バス、タクシー、トラック事業者やレンタカー事業者には整備管理者の選任が義務づけられているが、自家用の白ナンバー車の場合であっても、使用の本拠ごとにバス（乗車定員11人以上の自動車）2台以上（乗車定員30人以上の場合は1台以上）または大型トラック等（車両総重量8トン以上）5台以上を使用する場合は、有資格の整備管理者の選任・国（地方運輸局運輸支局等）への届出が義務づけられているので注意が必要である。

（4）自動車保険の管理

　自賠責保険（共済）は、交通事故による被害者を救済するため、加害者が負うべき経済的な負担を補てんすることにより、基本的な対人賠償を確保することを目的に、自動車損害賠償保障法に基づき、原動機付自転車（原付）を含む全ての自動車に加入が義務づけられており、無保険運行は違法である。

　他方、自賠責保険は、支払われる保険金だけでは損害賠償の原資として必ずしも十分ではないこと、物損事故は対象にならないこと、示談代行サービスがないことなどから、通常、企業は別途、損害保険会社の自動車保険（任意保険）等に加入している。

　注意すべきは保険の加入漏れ、更新漏れなどにより無保険の状態となることであり、車両台帳を整備し、自賠責保険・任意保険等の加入状況を確実に管理することが重要である。また、社員のマイカーを通勤や業務に使用する場合、ケースによっては企業の賠償責任が問われることもあることから、これらの車両についても、企業内で一定の基準を設け、保険等の加入状況を適切に管理する必要がある。

Check! ここがポイント 4-1-2について

- ✓ 経営者（車両の使用者）、運転者、車両の運行を直接管理する地位にある者、「安全運転管理者」や「副安全運転管理者」（選任義務がある場合）などには、道交法等各種関係法令により、交通事故防止のための様々な義務が課されている

- ✓ 保険の加入漏れ、更新漏れなどにより無保険の状態とならないよう、車両台帳を整備し、自賠責保険・任意保険等の加入状況を確実に管理する必要がある

- ✓ 社員のマイカーを通勤や業務に使用する場合でも企業の賠償責任が問われることもあるため、企業内で一定の基準を設け、保険等の加入状況を管理することが望ましい

4-1-3 社有車管理の考え方

　以下に、安全運転管理と一体となった運用が必要となる社有車管理（車両とドライバーの一括管理）について留意点を述べる。

(1) 管理体制・運用ルールの整備と一括管理

　企業の社有車により事故が発生した場合、業務中に限らず、社員の無断使用や盗難の場合でも企業の責任が生じ得ることから、まずは、社有車とドライバーの管理を徹底することが基本となる。
　そのために、社有車の管理体制（例．管理部署・管理者、権限と責任、車両管理台帳、ドライバー管理台帳）と運用のルールを定めた規程類（例．私的利用禁止、無許可使用禁止、持ち帰り禁止、公共交通機関の利用／車両管理規程、事故処理規程、ドライビングルール）を整備し、その周知と遵守を徹底することが必要となる。この際、実効性を高める観点からは、キーや車両、点検整備、自動車保険、駐車場・構内などについても一括管理し、管理部署・管理者の許可を得て社有車を使用し、運転日報に記録を残すことが望ましい。
　なお、マイカー通勤やマイカーの業務利用についても、同様の考え方から、駐車場所の確保や任意保険の付保状況を含め、管理を徹底するとともに、極力運行を控えることが必要である。（この際、社員が締結している保険の補償内容を超える損害が発生した場合には、企業に金銭的負担が発生する可能性があることを踏まえ、マイカー通勤等を許可する際の付保基準を定め、許可時に適合を確認することなどを考慮する必要がある。また、飲酒運転の防止にも注意を払う必要がある。）

(2) 社員に対する意識づけ

　社有車は社員から見ると会社から借りている他人の物であるはずだが、日々運転しているうちに、（個々のドライバーが運転する社有車が固定されているような場合は特に）社有車を自分の車のような感覚で気楽に（ある意味雑に、乱暴に）運転するようになる。そのような傾向を是正するためには、「社有車は会社からの借り物であり、傷がつかないよう丁寧に扱わなくてはならない」ということの再認識・意識づけが必要である。ドライバーにこのような意識が形成されることは、慎重な運転態度を通じ、交通事故防止にもプラスの影響を与えるものと考えられる。
　この上で、第１章で述べたように、抑止に偏重しないバランスの良いドライバー教育を実施していくことが重要である。また、この際には外部講師を活用することも考えられるが、その場合でも、外部に丸投げするのではなく、企業の経営者や現場の管理者などが自ら交通事故防止に取り組む姿勢を示すことが重要であり、これが企業の安全文化を醸成し、根づかせることにつながる。

(3) 現場管理者の能力の向上

　どんなに立派な規程類を整備しても、それが実践されなければ意味がない。しかし、多くの企業で、現場実務の実質的な責任者である安全運転管理者や副安全運転管理者は、他の業務との兼務者であったり、あるいは日々の業務に忙しかったりして、必ずしも十分な知識・能力を備えていない。また、ドライバー教育に充てられる時間も限られているのが実情である。

　このため、限られた時間を有効に活用し、効果的・効率的に安全運転管理を進めるためには、現場実務の実質的な責任者である現場管理者の知識・能力の向上が必要である。そのためには、本社部門による計画的なサポートのもと、必要に応じ外部の専門家の知見も活用しながら、月例会や研修会などの各種機会をとらえ、現場管理者のマネジメント能力を強化していくことが重要である。例えば、ドライバーに対する指導を行う場合にも、そのやり方次第で、相手が大いに共感して高い実践度が達成できる場合もあれば、むしろ反発を受けて全く実践が望めないような場合もあり、現場管理者が効果的なコミュニケーション方法を身につけることは重要な課題なのである。

(4) PDCAサイクルによる管理

　交通事故の防止のためには、絶え間ない改善プロセスの継続が必要であり、いわゆるPDCAサイクルの考え方に基づく管理体制の整備と実践が重要である（詳しくは次項（4-1-4）を参照）。

Check! ここがポイント 4-1-3について

- ✓ 社有車による事故は、業務外、社員の無断使用、盗難のいかんを問わず、企業の責任が生じ得るため、社有車とドライバーの一括管理を徹底する
- ✓ 社有車の管理体制、運用のルールを定めた規程類を整備し、周知と遵守を徹底する
- ✓ 「社有車は会社からの借り物であり、傷がつかないよう丁寧に扱わなくてはならない」ということの再認識・意識づけが必要である
- ✓ 効果的・効率的に交通安全対策を進めるため、本社部門のサポートのもと、研修会などの各種機会をとらえて、現場の実質的な責任者である現場管理者の知識・マネジメント能力を強化する

4-1-4 PDCAサイクルによる管理

(1) PDCAサイクルを回すことの重要性

　交通事故の防止は、管理体制や規程類を整備して終わりなのではなく、むしろ、これらを整備した後の状況を踏まえ、絶え間ない改善のプロセスを継続していくことが必要である。このような観点からは、経営トップから現場まで一丸となった体制を実質的に整備すること（このために、経営トップが明確にコミットし、その推進に関与すること）が重要である。
　このような絶え間ない改善プロセスを継続する手法としてPDCA（計画、実施、評価、改善）サイクル（図4-7）があり、バス、タクシー、トラックなどの運送事業者では、運輸安全マネジメントとして制度化されているが、それ以外の企業でも、基本的な考え方は共通するものと考えられる。また、国際的には、国際標準化機構（ISO）が「道路交通安全マネジメントシステム（ISO39001）」を制定しており、こちらについてもPDCAサイクルを前提とした内容となっている。

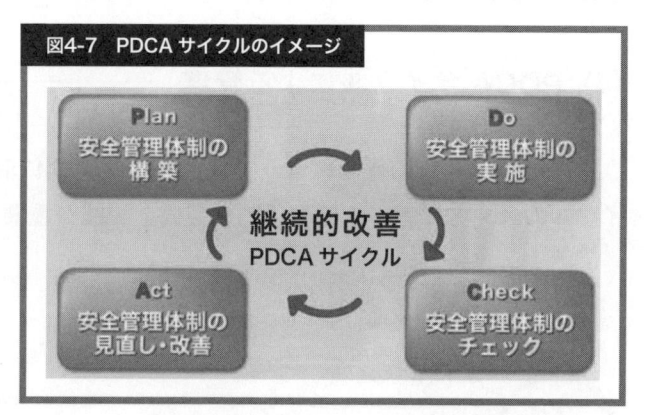

図4-7 PDCAサイクルのイメージ

出典：国土交通省ホームページ（運輸の安全確保に向けて）

(2) 運輸安全マネジメント制度の概要

　道路運送法および貨物自動車運送事業法の改正に伴い、平成18年より運輸安全マネジメント制度がスタートした（図4-8）。自動車運送事業者、すなわち、いわゆる「緑ナンバー」事業者であるトラック、バス、タクシー事業者が義務づけの対象となっている。
　運輸安全マネジメント制度は、マネジメントシステムの国際標準規格の一つであるISO9001（品質マネジメントシステム）をベースに設計されており、輸送の安全確保のための一つ一つの過程をプロセスとして管理することでパフォーマンス（安全向上、事故削減）を向上させていくプロセスアプローチを採用している。
　実際に、運輸安全マネジメントに取り組んだ事業者では、事故削減を通じた支払保険金額の減少がみられており、PDCAサイクルを適切に構築・運用することで、事故削減が進み、保険料も削減されることが期待できることが分かる（図4-9）。
　運送事業者以外の企業（いわゆる白ナンバーの社有車のみを運行する企業）には、運輸安全マネジメント制度は義務づけられておらず、法令遵守という点では特に導入する必要はない。しかし、導入した企業で実際に事故削減効果が生じていることが明らかなことからも、企業が安全運転管理

を推進していく上では重要な考え方であり、運送事業者以外の企業でも、是非PDCAサイクルに関する基本的な考え方を理解した上で、自社の取り組みに反映させることが期待される。

図4-8 運輸安全マネジメントのイメージ

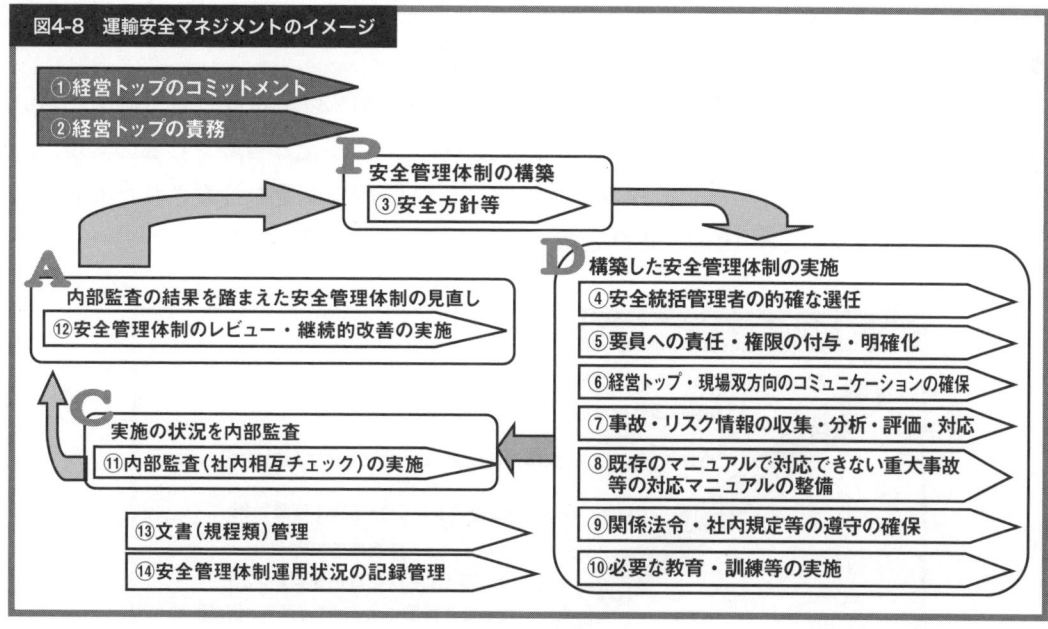

① 経営トップのコミットメント
② 経営トップの責務

P 安全管理体制の構築
③ 安全方針等

D 構築した安全管理体制の実施
④ 安全統括管理者の的確な選任
⑤ 要員への責任・権限の付与・明確化
⑥ 経営トップ・現場双方向のコミュニケーションの確保
⑦ 事故・リスク情報の収集・分析・評価・対応
⑧ 既存のマニュアルで対応できない重大事故等の対応マニュアルの整備
⑨ 関係法令・社内規定等の遵守の確保
⑩ 必要な教育・訓練等の実施

C 実施の状況を内部監査
⑪ 内部監査（社内相互チェック）の実施

A 内部監査の結果を踏まえた安全管理体制の見直し
⑫ 安全管理体制のレビュー・継続的改善の実施

⑬ 文書（規程類）管理
⑭ 安全管理体制運用状況の記録管理

出典：国土交通省ホームページ

図4-9 運輸安全マネジメントの取り組み有無と支払保険金額の相関

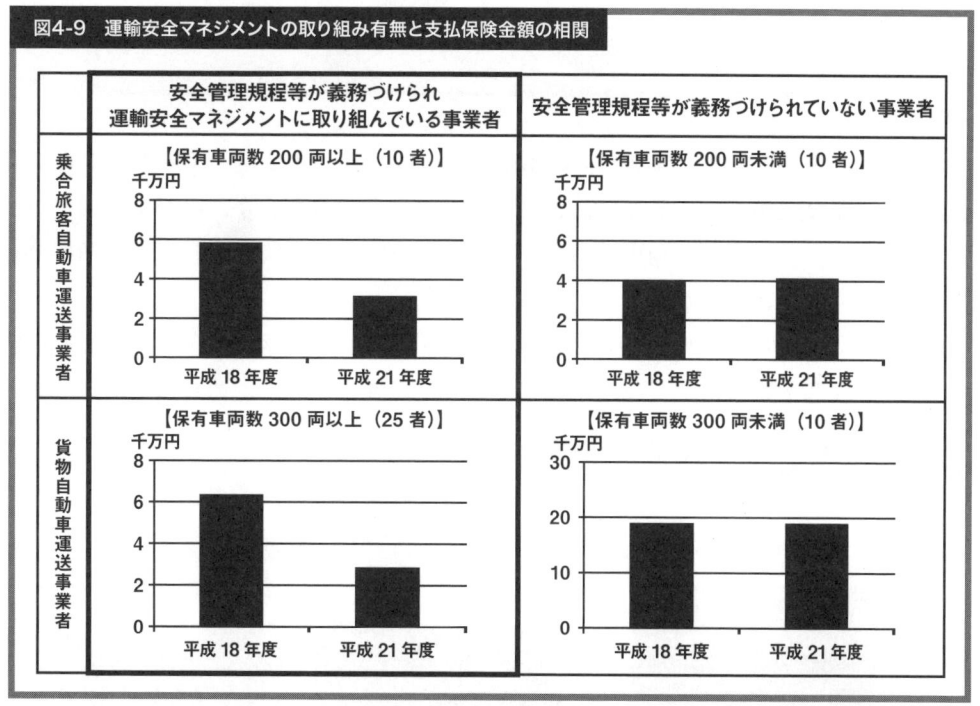

安全管理規程等が義務づけられ運輸安全マネジメントに取り組んでいる事業者

乗合旅客自動車運送事業者【保有車両数200両以上（10者）】：平成18年度 約6千万円、平成21年度 約3千万円

貨物自動車運送事業者【保有車両数300両以上（25者）】：平成18年度 約6千万円、平成21年度 約3千万円

安全管理規程等が義務づけられていない事業者

乗合旅客自動車運送事業者【保有車両数200両未満（10者）】：平成18年度 約4千万円、平成21年度 約4千万円

貨物自動車運送事業者【保有車両数300両未満（10者）】：平成18年度 約20千万円、平成21年度 約20千万円

※上記は、保険契約台数1,000台あたりに換算した支払保険金額
出典：国土交通省　メルマガ「運輸安全」（H23.8.2　第23号）

(3) ISO39001（道路交通安全マネジメントシステム）

「ISO39001：道路交通安全（RTS：Road Traffic Safety）マネジメントシステム―要求事項及び利用の手引き」は交通事故による死亡事故・重傷事故を撲滅させることを目的とする国際標準規格である。

世界的なモータリゼーションの進展に伴い、交通事故死の90％以上が低・中所得国において発生していることから、先進国のノウハウをこれらの国へ展開し、安全な自動車社会の実現に向けた取り組みを民間主導で進めるため、2007年スウェーデンからISO制定が提案されたのを契機に本格的な議論が始まり、2012年10月、ISOとして正式発行された（**図4-10**）。

図4-10　ISO発行までの時系列経緯

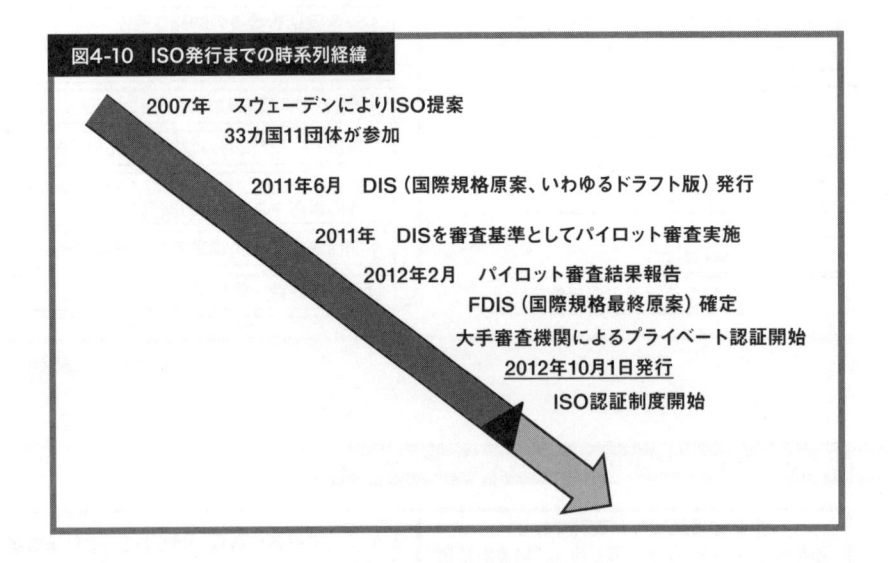

- 2007年　スウェーデンによりISO提案
  33カ国11団体が参加
- 2011年6月　DIS（国際規格原案、いわゆるドラフト版）発行
- 2011年　DISを審査基準としてパイロット審査実施
- 2012年2月　パイロット審査結果報告
  FDIS（国際規格最終原案）確定
  大手審査機関によるプライベート認証開始
  <u>2012年10月1日発行</u>
  ISO認証制度開始

ISO39001の対象は、直接的、間接的に道路交通安全にかかわる組織（公私を問わない企業・団体）全てが活用可能な規格となっており、自動車運送事業者のみならず、いわゆる白ナンバーの社有車を運行する企業、そして、自動車製造業、道路・駐車場・構内管理会社、道路清掃会社、救急医療機関など極めて広い範囲を対象としている。

規格の構成は、ほぼPDCAサイクルに準じて策定されており（**図4-11**）、各章ごとに道路交通安全マネジメントシステムを構築・運用するに当たっての要求事項が定められている（**図4-12**）。

図4-11　規格の章構成とPDCAサイクルのイメージ

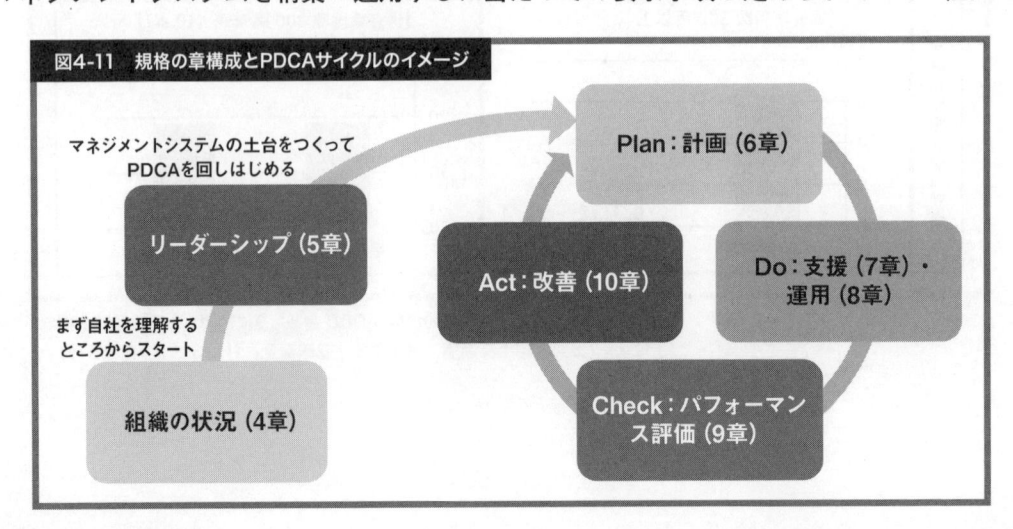

マネジメントシステムの土台をつくってPDCAを回しはじめる

- リーダーシップ（5章）
- まず自社を理解するところからスタート
- 組織の状況（4章）

- Plan：計画（6章）
- Do：支援（7章）・運用（8章）
- Check：パフォーマンス評価（9章）
- Act：改善（10章）

図4-12　規格各章の要求事項の概要

序文		
1章　適用範囲	4章　組織の状況	自社内部・外部の課題の把握、利害関係者のニーズ・期待の理解
		マネジメントシステムの確立（適用範囲の決定）
2章　引用規格	5章　リーダーシップ	経営層の参画（道路交通安全へのコミットメント）
		道路交通安全（RTS：Road Traffic Safety）方針の策定
		役割と権限・権限の割り当て（管理責任者の任命等）
3章　用語及び定義	6章　計画	リスクおよび機会の洗い出し
		評価指標（RTSパフォーマンスファクター）の決定
		目標設定と実施計画の策定
	7章　支援	環境整備：利害関係者との調整、リソース（人・モノ・金）投下、力量（教育・訓練）、啓発（方針の理解等）、コミュニケーション、文書・記録の管理
	8章　運用	計画に基づいた実行、緊急事態への準備および対応
	9章　パフォーマンス評価	監視・測定・分析・評価、事故等の分析・調査、内部監査、マネジメントレビュー（経営層によるチェック）
	10章　改善	不適合に対する管理、是正処置（再発防止策）の実施
		継続的改善

Check! ここがポイント 4-1-4について

- ✓ 交通事故防止は、管理体制や規程類を整備して終わりではない。絶え間ない改善のプロセス継続が不可欠であり、その代表的な管理手法としてPDCA（計画、実施、評価、改善）サイクルが挙げられる

- ✓ バス、タクシー、トラックなどの運送事業者では、PDCAサイクルの考え方に基づく運輸安全マネジメントが制度化されている。その他の企業でもこの考え方は有効

- ✓ 運輸安全マネジメントに取り組んだ事業者において、事故削減による支払保険金額の減少がみられた

- ✓ 国際的には、PDCAサイクルの考え方に基づく「道路交通安全マネジメントシステム（ISO39001）」が2012年10月に制定された。本規格は、運送事業者に限らず広い業種で利用可能な内容となっている

4-2 事故パターン分類法（頻出事故パターンの把握）

4-2-1 事故パターンの分類フロー

　第1章で述べたとおり、企業での交通事故は業種ごとの業態により、パターン化されることが多い。限られた時間・人員の中で効果的・効率的な安全運転管理を実施するために、自社の頻出事故パターンを正確に把握・分析することが欠かせない。

　本項では、事故報告書の記載内容から頻出事故パターンを把握・分析する具体的手法を述べる。事故分析の全体フローの一例を図4-13に示す。

　なお、第1章で取り上げた統計データ（21ページ参照）は、当社がコンサルティングを行った企業のうち、営業用に使用されている白ナンバー車両の事故を抽出したデータで、白ナンバーの社有車であれば、この傾向は大きく外れることはない。中小企業などで自社の事故数が少なく統計を取りづらい、などがあれば、本統計に基づき具体的な教育につなげていただくことでも差し支えないだろう。

図4-13 事故分析のフローの例

事故報告書の作成
- 頻度：事故発生の都度
- 実施者：事故当事者および管理者

　↓

事故報告書に基づき、各事故の事故パターンへのあてはめ
- 頻度：月1回目安
- 実施者：各職場の責任者または、会社全体の安全担当者など

　↓

頻出事故パターン（発生場所×自車行動）の集計
- 頻度：月1回目安
- 実施者：会社全体の安全担当者など

4-2-2 事故パターンの分類項目

多くの企業では事故発生時には事故惹起者に事故報告書を提出させるルールがある。しかし、事故報告書は保険金請求のための記録書類として使用するだけではもったいない。事故報告書の記録内容をもとに事故状況を分類し、頻出事故パターンをあぶり出していく作業こそが、リスク実態に合った安全運転管理を打ち出す第一歩である。

では、どのような項目を分類すればよいのかについて、表4-1にその一例を示す。

表4-1 分類項目の例

項目	特定できる内容	
所属	事故多発部署	事故当事者
氏名	複数回事故惹起者	
年齢	事故多発年齢層	
勤続年数	勤続年数による事故の傾向	
運転年数	運転経験による事故の傾向	
事故日時	事故が発生しやすい時期	事故の概要
天候	事故が発生しやすい天候	
路面状態	事故が発生しやすい路面状態	
自車速度	事故発生時の速度	
接触箇所	事故時に接触しやすい車両の部位	
対象物	事故時に接触しやすい対象物	
事故の原因	共通する事故原因 （原因の書き方は「4-6 事故報告書の書き方」参照）	
事故類型	頻出している事故類型（対人・対物・自損）	
事故形態	頻出している事故形態（追突・接触・逆突）	
発生場所	頻出している事故場面	
自車行動	事故発生時に多い自車行動	
事故状況	事故状況を説明した文章	

表4-1は、ほとんどは一般的な事故報告書で記録されている項目である。上記の項目を分類、集計することによって、自社で、どのような「人」、どのような「場面」、どのような「原因」で事故を起こしているのかが特定できる。ここで、頻出事故環境を特定するためのポイントとなる項目（発生場所、自車行動）の分類項目を表4-2、表4-3に示す。

表4-2　発生場所分類項目

発生場所	内容
駐車場・構内	駐車場や構内等の敷地内
一般道	高速道以外のまっすぐな道での事故
狭路	幅員5m以下の道路を目安とするが、道路が狭いことが原因で事故が発生した場合はこの項目に分類する
交差点	交差点の前後（目安は前後50m）
高速道路	自動車専用道路
施設等出入口	自車が施設等の出入口を走行中の場合
その他	上記の場所に当てはまらない場合

表4-3　自車行動分類項目

自車行動	内容
バック	事故が、バックしている時に発生した場合
直進	事故が、直進走行中に発生した場合
右折	事故が、交差点右折時に発生した場合
左折	事故が、交差点左折時に発生した場合
進路変更	事故が、進路変更をしている時に発生した場合
発進	事故が、発進する時に発生した場合 フットブレーキが緩んで前進してしまった場合も含む
減速中	事故が、速度を減速している時に発生した場合
停止	事故が、停止している時に発生した場合
その他	上記の行動に当てはまらない場合

4-2-3　事故パターンの集計方法

　これらの分類作業は表計算ソフトを使って集計すると効率がよい。表計算ソフトにはデータ集計ツールが組み込まれているので、それを活用したい。以下にExcel（Microsoft® Excel®）のピボットテーブルによる簡単な分析作業を示す（ピボットテーブルの詳細な使い方はソフトウェアのマニュアルを参照いただきたい）。

入力したデータは以下のような単純な表形式となっている（図 4-14）。

図4-14　事故の入力例

整理No	所属	事故日	天候	時刻	氏名	性別	年齢	勤続月日	運転年数	車種タイプ	路面	自車速度	接触箇所	原因	事故類型
1	名古屋支店	2012/10/26		14:45	●●一郎					乗用車			右後	その他	被害
2	大阪支店	2012/10/15		14:05	●●二郎					乗用車			左前	その他	自損
3	神奈川支店	2012/8/24		14:30	●●花子					乗用車			前	脇見	対物

対象物	発生場所区分	発生場所詳細区分	優先・非優先(信号無交差点)	事故形態区分	自車行動区分	詳細行動(駐車場・構内)	事故状況
車両	一般道	一般道		その他	停止		一般道渋滞走行の際、右車線へ車線変更し停車した直後、後続車に追突された
その他の物	一般道	一般道		接触	直進		一般道を走行中、対向車線の車両がセンターラインを越え自車線に進入したためとっさに左にハンドルを切り避けようとし、左縁石に接触
車両	一般道	一般道		追突	直進		一般道走行中、隣車線へ車線変更しようと確認のため前方より目を離し、目線を戻した時に前方車が目前にいてブレーキを踏むが間に合わず追突した

ここから表を選択し、ピボットテーブルツールを起動する。

ピボットで設定する項目は、「発生場所」「自車行動」である（図 4-15）。これら 2 項目の組み合わせによって、多様な事故から頻出事故パターンを割り出していく。

図4-15　「発生場所」「自車行動」で表を設定

1			
2			
3	発生場所	自車行動	集計
4	⊟一般道	直進	86
5		進路変更	23
6		減速中	19
7		右折	11
8		左折	6
9		停止	2
10		発進	13
11		バック	9
12		その他	6
13	⊟駐車場・構内	直進	17
14		進路変更	3
15		減速中	5
16		右折	17
17		左折	26
18		停止	1
19		発進	25
20		不明	5
21		バック	254
22		その他	37

さらに、車両を多く保有するような大規模な企業では、ドライバーの属性（年齢層、部署など）によって頻出事故パターンが異なったり、事故を多発している属性に特徴があったりする場合もある（特定の部署で事故が多いまたは、特定の年齢層で事故が多いなど）。そのような傾向も、今回の手法の集計項目に部署や年齢層を追加することによって把握できる。

> **Check! ここがポイント** 4-2について
>
> ✓ 限られた時間・人員の中で効果的・効率的な安全運転管理を実施するために、自社の頻出事故パターンを正確に把握・分析する
>
> ✓ 事故報告書の提出ルールがある企業は多い。これをもとに事故状況を分類し、頻出事故パターンをあぶり出す
>
> ✓ 分類では、発生場所や自車行動、部署や年齢層などで頻出事故環境を特定し、特徴をつかむ

4-3 添乗チェック

4-3-1 添乗チェックの目的

　添乗チェックを行う目的は、事故惹起者への再発防止や全ドライバーを対象とする事故の未然防止であり、事故惹起者面談や各種研修を1回受けて終わりということにならないよう、ドライバーの取り組みを継続的にフォローする観点から実施する。

　後述するが、事故惹起者への面談では、最終的に事故惹起者と管理者の間で再発防止策を共有することから、再発防止策としての添乗チェックでは、当該再発防止策の実施状況をチェックすることになる。また、事故未然防止策としては、頻出事故パターンに対応したヒューマンエラー防止策として習慣化を図る個々の安全運転習慣をチェック項目とする。

　これらのチェック結果を本人にフィードバックし、チェック項目の実践度を向上させていくことが、添乗チェックの重要な役割である。

4-3-2 添乗チェックリストの作成

　実務的には、ドライバーの運転技能上の弱点および安全運転習慣として社内で決められた運転ルールの実践度について、定期的に職場内でチェックすることになる。これにはあらかじめチェックリストを作成しておくとよい。図4-16は添乗チェックリストの例である。

　この例では、基礎的な運転技能および車内環境の整備を中心にチェック項目が設定されており、例えば、新人ドライバーの運転技能上の弱点をチェックするのに適している。チェックリストを作成する際には、対象とするドライバーや個々の企業における頻出事故パターンなどに応じて、これらのチェック項目に加え、例えば第2章、第3章で取り上げたヒューマンエラー対策の実践度のチェック項目を必要に応じて加えるとよいだろう。

図4-16 添乗チェックリストの例

添乗チェックリスト

添乗チェックポイント	問題なし（5点）	やや問題あり（3点）	非常に問題あり（1点）
①シートポジションは適正か			
②運転姿勢は前屈みではないか			
③危険を避けるために急ハンドルを多用していないか			
④左折時、ミラー、左方、左後方と注意を払っているか			
⑤右折時、対向車に注意が集中していないか			
⑥車間距離は十分か、一定か			
⑦スピードは安定しているか、出しすぎていないか			
⑧イライラなどで運転に変化が出やすいか			
⑨自車の死角を理解しているか			
⑩信号のない交差点で自車優先に関係なく徐行しているか			
⑪黄色信号では停止を基本としているか			
⑫クラクションを多用していないか			
⑬車中は汚れていないか			
⑭携帯電話が鳴っても出ていないか			
⑮鞄や書類など普段から助手席に置いていないか			
⑯車に新たな傷ができていないか			
⑰歩行者、自転車への危険予知は十分か			
⑱割り込みなどが多くないか			
⑲交通法規の理解に問題はないか			
⑳バック時の確認行動を省いていないか			
合計（80点以上 A、60点以上 B、60点未満 C）			

4-3-3 添乗チェック対象者の選定と頻度

　事故惹起者に対する再発防止策として、本社管理部門や直属上司による添乗チェックを実施する企業は比較的多い。例えば、重大な事故を起こしたドライバーや1年間で複数回の事故を起こしたドライバーに対して、一時的に社有車の運転を禁止（いわゆる社内免停）する処置をとり、その解除条件として、添乗チェックを受けるというものである。事故惹起者への添乗チェックでは、事故の原因となった運転態度や不安全な運転癖をフィードバックして、本人に気づきを与えるとともに、第2章や第3章で述べたようなヒューマンエラー対策が習慣化されているかをチェックすることが目的である。間違っても免停解除のための形式的・儀式的な禊（みそぎ）になってはならない。

　一方で、事故の未然防止策として、全ドライバーを対象に定期的に添乗チェックを実施する企業は残念ながらそう多くはない。本社管理部門も現場管理者も、そこまでの余力がないというのが実情である。第2章や第3章で取り上げたヒューマンエラー対策についても、座学で一回だけ指導しただけでは、ドライバーへの浸透度は自ずと限られる。粘り強く繰り返し指導することもさるこ

とながら、指導されたことを後で「見られる（チェックされる）」という意識をドライバーが持つことで浸透度は違ってくる。見方を変えれば、自分の運転ぶりを「見られる」のだという意識（緊張感）をドライバーに植えつけることができれば、しらみ潰しに全ドライバーに対して添乗チェックをする必要はないということである。

例えば、前述の添乗チェックリスト（図4-16）を使って、各営業所で月1～2名ずつ実施し、その結果を営業所内全員にフィードバックすることで、チェックを受けていない者に対しても「他山の石」として指導効果を期待できる。また、添乗チェックの評価結果によって、次回の実施頻度を設定することで優先度をつけることが可能となる（表4-4）。

表4-4 チェック評価結果と対応策の例

評価	状況	対応策の例
A	安全運転レベル	管理者が半年に1度、添乗チェックを行う。（1年間）
B	安全運転の継続に課題あり	管理者および先輩社員が3カ月に1度添乗チェックを行う。（1年間）
C	安全運転ができていない	管理者および先輩社員が1カ月に1度添乗チェックを行う。（1年間）

※原則として、1年間にわたり添乗チェックを続け、評価に変化が起これば、その評価に応じた対応策に変える。

この他、管理者の負担軽減策としては、管理者以外の先輩社員に指導者役を担ってもらうという方法もある。事前に添乗チェックの実施方法、チェック基準を共有しておくことが必要だが、先輩社員がチェックすることで管理者の負担が軽減するだけでなく、先輩社員側の意識向上（後輩の手前、先輩である自分が事故を起こすわけにはいかない）も期待できる。

Check! 4-3について

ここがポイント

- ✓ 研修・指導をその場限りにせず、継続的にフォローする方法として添乗チェックは有効である
- ✓ チェックは事故惹起者への事故再発防止や、全ドライバーへの事故未然防止といった目的と期待効果を踏まえて対象を選定する。必ずしも全ドライバーをしらみ潰しに実施する必要はない
- ✓ 基礎的な運転技能や車内環境の整備のほかに、その他企業やドライバーの状況に応じて必要な項目（第2章や第3章で取り上げた安全運転習慣など）をチェック項目に加える
- ✓ チェックは、あらかじめチェックリストを作成して行うのが有効である
- ✓ チェック頻度は、チェック結果などによって軽重をつけるとよい
- ✓ 添乗チェックの実施者として、管理者のほかに先輩社員などを参画させると職場全体の意識向上にもつながる

4-4 ドライブレコーダ活用

4-4-1 ドライブレコーダの基礎知識

　ドライブレコーダは車載装置であり、従来は主に運送事業者で導入されることが多かったが、近年低価格化も進み、自家用車でも取り付ける例が増えている。基本機能としては、搭載されたカメラによって衝突や急ブレーキなどの一定の強さ以上の衝撃を検知した時に、その前後の映像を保存するというものであり、機種によっては日時・場所・速度・衝撃レベルなどをデータ化できるものもある。データはメモリーカードなどに記録され、専用のデータ閲覧ソフトがインストールされたパソコンで確認することができる。

(1) 普及の経緯

　ドライブレコーダは 1990 年代から米国で市販されるようになった。その目的は貨物の破損、盗難防止、当て逃げ防止などであった。国内では、1998 年頃から国土交通省を中心に調査研究が始まり、その後ヒヤリハット映像の分析などを通じて、ドライブレコーダの活用による事故低減効果、さらには省燃費効果、事故処理のコスト削減効果などが示された。国内での普及は 2005 年頃からであり、最も早く導入したのは都市部のタクシー業界だった。都市部のタクシーでは事故が多く、しかもタクシーはサービス業という一面もあり、乗客や一般ドライバーとの示談や事故の解決が難航することも多かった。事故時の映像が取得できるドライブレコーダの導入により、このような事故対応の負担を軽減でき、当初はタクシー業界を中心に普及が進んだ。

(2) ドライブレコーダ市場

　ドライブレコーダ市場は成長を続け、2008 年では販売台数ベースで年間 17 万 1,620 台（前年比 165%）、小売金額ベースでは年間 112 億 3,400 万円（前年比 143%）の規模となった[※]。また、この市場に参入する企業も 20 社を超え、市販されているドライブレコーダの種類も 60 種類を超えるといわれている。また、価格も 4 〜 5 万円程度が実勢となり、比較的導入しやすい価格帯になりつつある。

しかし、他の車載機と比較すると、ドライブレコーダの普及はまだまだ限定的である。例えば国内の自動車登録台数は約 8,000 万台であるが、ETC（Electronic Toll Collection System：電子料金収受システム）はいよいよ 3,000 万台に届こうとする勢いであり、カーナビは 2,000 万台前後と言われている。これに対して、ドライブレコーダは現時点では 40 〜 50 万台程度の普及台数にとどまっている。

ドライブレコーダを導入すれば、事故防止に役立つ様々な活用が可能であることから、企業の社用車についてもドライブレコーダのさらなる普及が期待される。

(※参考：石川博敏「ドライブレコーダの世界動向について」（社）自動車技術会 GIA ダイアログ（2006））

(3) ドライブレコーダ活用の考え方

一般的な活用方法としては、事故解決と安全指導の大きく 2 つを挙げることができる。

まず、事故解決での活用では、事故時の映像が事故後の当事者間での示談などに活用されている。具体的には当事者間で事実関係の認識が食い違いやすい事故時の状況について、実際の事実を映像により客観的に示し、示談などの解決を円滑に進めることである。

次に、安全指導での活用に関しては、抑止効果を期待したものと、防止効果を目指したものの二つに分類できる。一点目の抑止効果を期待した活用とは、具体的には、事故時の映像が記録されることをよりどころとして、ドライバーに対し、常日頃からの安全運転を促し、事故や危険運転などの発生を抑止しようとするものである。この際、企業側はドライバーを監視しているという立場をとることになる。

一方、防止効果を目指した活用とは、事故防止を目的として、事故や危険の原因に根ざした予防教育などを行うものである。そもそもドライブレコーダは事故時の映像のみならず、事故には至らなかったが急ブレーキを踏んだような、いわゆるヒヤリハットの映像も記録できる。このため、事故時のみならず、ドライバーごとに収集されたヒヤリハット映像を題材に、その原因や再発防止策を具体的に指導するための教育に使うことができるのである。

現状では、安全指導を目的とした活用では、抑止効果を期待した指導が重視されがちであり、防止教育が十分に行われていない状況にあると言える（図 4-17）。これは防止教育が原因分析など一定のノウハウと手間が必要であるのに対し、抑止指導はスローガンのように「監視」を強調するだけでもとりあえず成り立つことが要因と言える。つまり、抑止指導のほうが防止教育よりも容易に取り組みやすいということである。

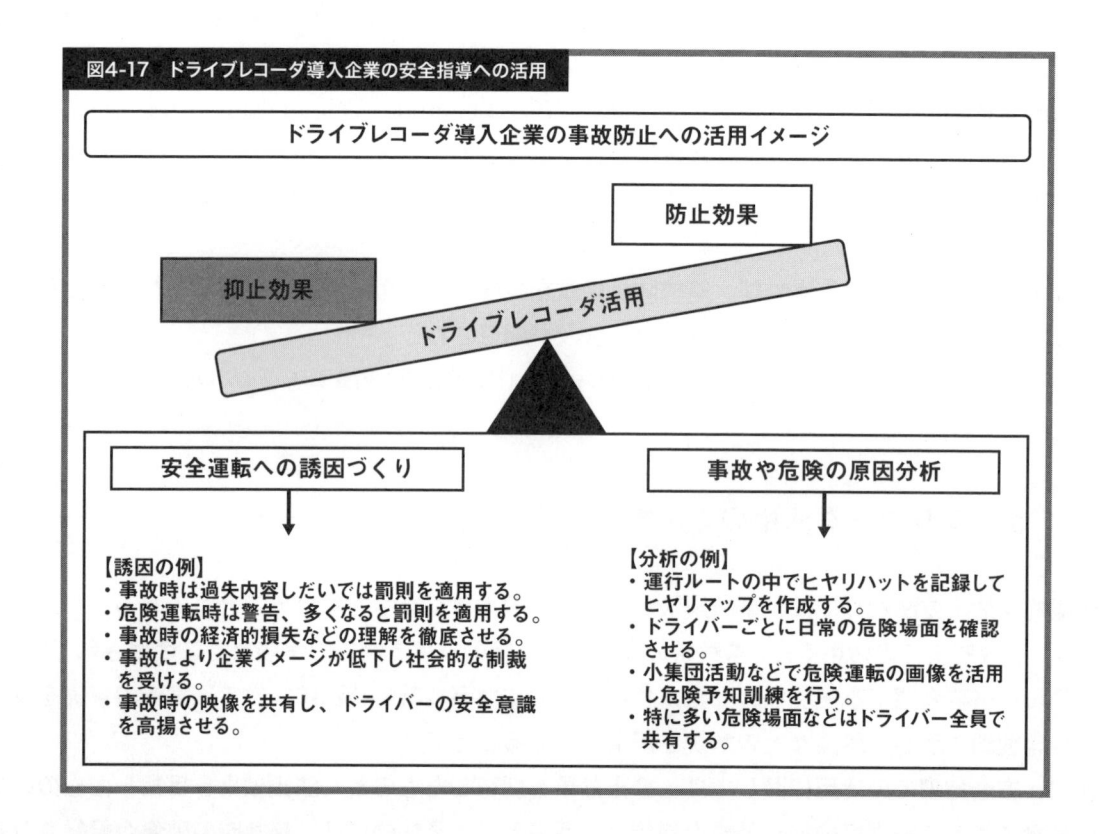

図4-17 ドライブレコーダ導入企業の安全指導への活用

ドライブレコーダ導入企業の事故防止への活用イメージ

防止効果

抑止効果

ドライブレコーダ活用

安全運転への誘因づくり

【誘因の例】
・事故時は過失内容しだいでは罰則を適用する。
・危険運転時は警告、多くなると罰則を適用する。
・事故時の経済的損失などの理解を徹底させる。
・事故により企業イメージが低下し社会的な制裁を受ける。
・事故時の映像を共有し、ドライバーの安全意識を高揚させる。

事故や危険の原因分析

【分析の例】
・運行ルートの中でヒヤリハットを記録してヒヤリマップを作成する。
・ドライバーごとに日常の危険場面を確認させる。
・小集団活動などで危険運転の画像を活用し危険予知訓練を行う。
・特に多い危険場面などはドライバー全員で共有する。

(4) 抑止効果の妥当性

　主に企業に導入されるドライブレコーダは、導入当初においては、やはり「監視されている」という意識がドライバーに強く働き、ドライバーが慎重な運転を心掛けるようになることが多い。このため、特に導入当初に事故が大幅に減少するという企業が多く出る傾向にある。しかしながら、その一方で、導入当初は事故が減ったが、徐々に「装置慣れ」が起こり、ドライバーの慎重な運転態度が継続せず、事故の発生状況が以前と変わらなくなってしまった、という企業も少なくない。

　このように、ドライブレコーダを単に設置することによる抑止効果には持続しにくい一面があることから、抑止効果を継続的に維持していくためには、ドライブレコーダの記録を活用した、何らかの管理と教育を加える必要がある。

(5) ドライブレコーダ導入の心構え

　一般に企業活動では、機械やシステムの役割で最も期待されることは効率化あるいは省力化である。だが、企業において、効率化や省力化のための機器としてドライブレコーダを導入しても、「導入すればドライバーの意識が上がり事故は減る」、「『監視』を強調すれば慎重な運転となり、事故は減る」という抑止効果にとどまりやすい（図4-18）。

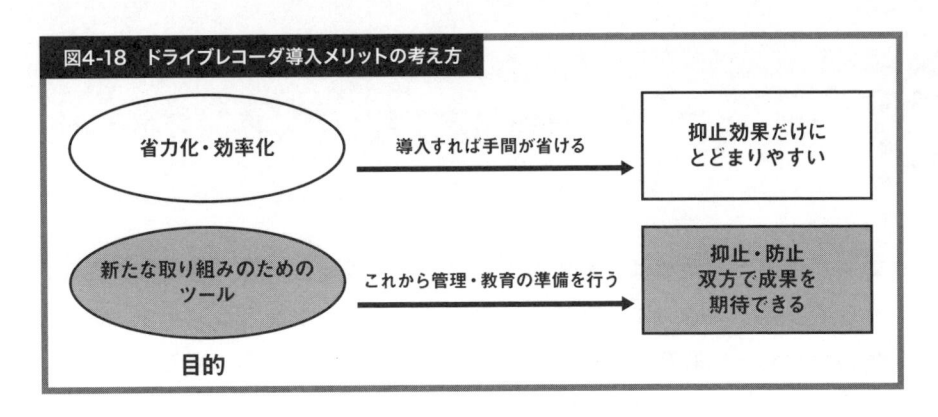

図4-18 ドライブレコーダ導入メリットの考え方

```
省力化・効率化  ──導入すれば手間が省ける──→  抑止効果だけに
                                              とどまりやすい

新たな取り組みのための  ──これから管理・教育の準備を行う──→  抑止・防止
ツール                                                        双方で成果を
                                                              期待できる
        目的
```

　このため、ドライブレコーダ導入の心構えとして、導入と同時に、そのデータを活用した管理や教育という企業自ら負担する「手間」も同時に受け入れる必要があるという認識が重要である。このような認識を持つことが、監視強化による抑止だけでなく、原因分析を通じた防止効果をも得るための大前提となる。つまり、ドライブレコーダを効率化や省力化のための機器としてとらえるのではなく、これまで実際に見ることができなかった自社の日常業務中の事故や危険場面をデータとして提供してくれる機器であり、このツールを使って新たな取り組みを行うことについて考えるべきなのである。

Check! ここがポイント　4-4-1について

- ✓ ドライブレコーダは、当初、事故処理のコスト削減効果（示談や事故の解決をスムーズに行う）を目的に広がったが、本来は安全指導の有効なツールとなる機器である

- ✓ 安全指導への利用では、事故時の映像が記録されるという、「監視」による安全運転を促す抑止効果と、事故やヒヤリハット画像などの教育への使用による防止効果がある

- ✓ 監視という抑止効果をねらった使い方だけに偏重すると、導入当初に慎重な運転を促す効果が出るものの、徐々に「装置慣れ」が起こり、効果が持続しないというケースが多い

- ✓ ドライブレコーダ導入の目的を、効率化や省力化だけに求めるのではなく、導入と同時に、そのデータを活用した管理や教育という企業自ら負担する「手間」も同時に受け入れる心構えが重要である

4-4-2 ドライブレコーダの機種選定に際しての検討のポイント

ドライブレコーダの導入段階では、まず導入目的、導入規模、そして機種選定についての検討が必要となる。そして、実際に導入する際には、収集されたデータをどう活用するのかということを明確化し、具体的な安全運転教育の実践へとつなげていくことが重要である。

ここでは、目的の明確化から機種選定に至るまでの考え方について述べる。

(1) 導入の目的

ドライブレコーダの導入の目的の明確化に関しては、事故時の映像取得と事故対応への活用までは、通常どの企業も目的とするものと考えられる。しかし、それ以外の活用方法として、防止型指導にも活用するのか抑止型指導での活用にとどめるのかを明確にしておく必要がある（図4-19）。防止型と抑止型とでは、その活用方法には大きな違いがあるが、いずれであってもドライブレコーダ導入はドライバーにとって大きなインパクトを持つ。会社としての安全運転管理の方針をドライバーに強く示すという意味で、導入目的は曖昧にせず、しっかり明確に示したい。

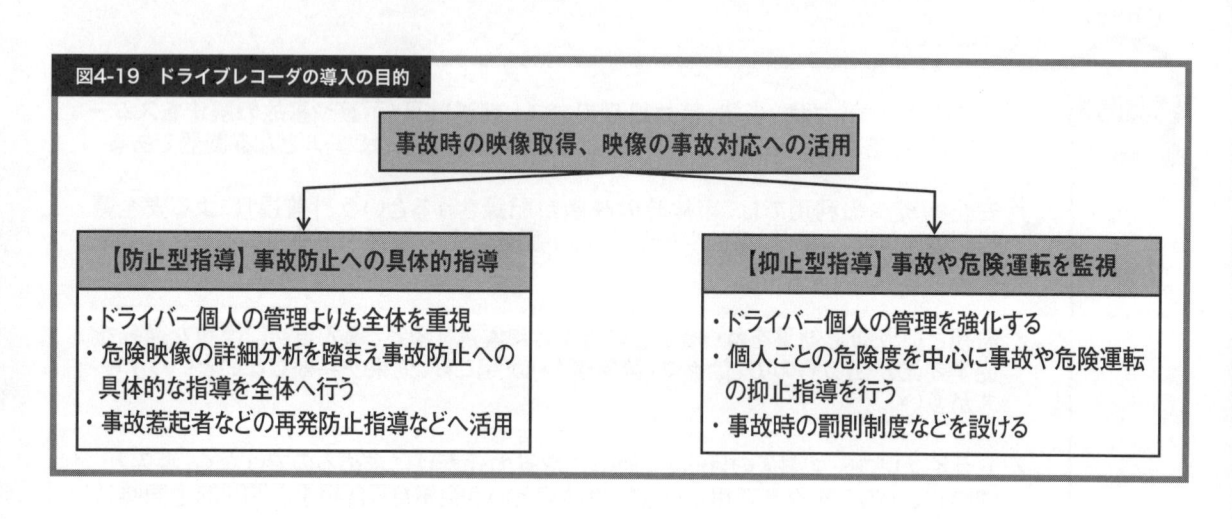

図4-19 ドライブレコーダの導入の目的

事故時の映像取得、映像の事故対応への活用

【防止型指導】事故防止への具体的指導
- ドライバー個人の管理よりも全体を重視
- 危険映像の詳細分析を踏まえ事故防止への具体的な指導を全体へ行う
- 事故惹起者などの再発防止指導などへ活用

【抑止型指導】事故や危険運転を監視
- ドライバー個人の管理を強化する
- 個人ごとの危険度を中心に事故や危険運転の抑止指導を行う
- 事故時の罰則制度などを設ける

(2) 導入規模

国土交通省では「平成17年度 映像記録型ドライブレコーダの搭載効果に関する調査報告書」において、ドライブレコーダを導入した企業へ行ったアンケート調査の中で、タクシー業界の事故率の減少とドライブレコーダの搭載率との関係を分析している。それによれば、営業車両の全数に搭載した事業者で確実に事故が減少しているだけではなく、搭載率が半分に満たない事業者であっても大きな事故低減効果を上げているケースがあったという。

これはドライブレコーダ活用による事故低減は、必ずしも搭載率（導入規模）だけが決定要素で

はないことを示している。導入規模については、「全台搭載ありき」というよりも、その活用目的により決めることが望ましい。例えば、抑止効果を期待する場合には、「監視」のアウトソースをドライブレコーダという機械により行うものとして導入規模を考えることになるが、この場合は、基本的には全車両搭載が望ましいということになる。一方で、防止効果のための活用では、必ずしも全車両に搭載する必要はない。この場合、「防止教育の材料探し」という位置づけで導入規模を考えればよいのである。

このように、導入の目的に応じて少なくとも必要となる導入規模が決まってくるのである。

(3) 機種の選定

ドライブレコーダは、現在20社以上のメーカーから多種多様な機種が市販されており、これらの中から自社の目的に合った機種を選定することは容易ではない。ここでは、これから初めてドライブレコーダを導入する企業を前提として機種の選定方法を述べる。選定の流れとしては、基本性能が備わっているか否かをチェックした上で、各メーカーがセールスポイントにしている各種機能について、データ収集・解析や教育を行うにあたって必要とされる機能が装備されている機種を選択することになる。

まず、基本性能は、一定の衝撃レベルを感知するセンサー（Gセンサー）を持ち、画像を保存し、その場所（地図）、衝撃レベルまでをデータ化することである。この基本性能は大半のドライブレコーダが満たしているが、まずはこの範囲で脆弱なところがないかのチェックが必要である。次に、主にメーカー側でセールスポイントとしている項目を確認し、データ収集・解析や教育を行う上で何が重要なポイントかを考えて機種を選定する。

以下は実際にメーカーが挙げている項目の例である（図4-20）。これらの項目内容は多岐にわたるが、大きく「データ解析の省力化機能」「データをさらに豊富に取得する機能」「（ドライブレコーダ導入による）管理機能のアウトソース機能」「その他の高付加価値機能」の四つに分けられる。

図4-20 ドライブレコーダのメーカーが主に提案するセールスポイントの例（比較対象項目例）

1. データ解析の省力化
   ・段差越えなど危険映像ではない衝撃映像の除去レベル（不要画像の除去機能）
   ・メモリーカードやパソコン不要で事故や危険画像を再生できる機能
2. データを豊富に取得
   ・衝撃時だけではない常時記録機能
   ・複数カメラによる画像取得
3. 管理機能のアウトソース
   ・リアルタイムでの警告機能
   ・安全運転診断、エコドライブ診断機能
   ・デジタルタコグラフなど運行管理機器との親和性または運行管理機能（日報作成など）
4. その他の高付加価値
   ・事故や危険映像の高画質化
   ・データ改ざん防止機能
   ・カメラの小型化

ドライブレコーダの導入では、まず「データ解析の省力化機能」を最優先と考えたい。ドライブレコーダは機器の導入だけでは済まず、導入企業自身でデータ収集と教育を行わなければならない。このため、当初、この手間に悩まされ、「取得できたデータを使いきれない」という状況に陥りやすい。少なくともデータ解析やドライバーへのフィードバックの手間はなるべく負担が軽い機種にする必要がある。

　次に、「データをさらに豊富に取得する機能」だが、少なくとも初めて導入する企業にとっては重視する機能ではないだろう。既に述べたように、基本性能のデータ量だけでも解析やフィードバックが容易ではないからだ。この機能はドライブレコーダ活用の上級者（ドライブレコーダを長く活用できている企業）向けと考えたほうがよい。

　さらに、「管理機能のアウトソース機能」であるが、前述の抑止効果を期待する企業にとっては、重視してよい機能である。抑止効果を持続的に確保するためには継続的な監視が前提となることから、このような機能は企業の管理者の実務負担を軽減してくれる。一方で専ら防止効果を期待する場合は、収集されたデータの分析後に実施する全体への具体的な指導が主となるので、リアルタイムでの警告やドライバーごとの診断機能はさほど重要な機能ではない。

　「その他の高付加価値機能」であるが、まず、高画質機能やカメラの小型化ができるならばそれに越したことはないが、これに伴い他の機能に制約が生じたり、または価格が高くなったりする場合は、必ずしも初めて導入する段階の企業では優先する必要はないだろう。

　このように、機種の選定は、導入の目的により異なるが、まずは導入による教育や管理の実施を着実に行っていくために、データ解析やドライバーへのフィードバックの手間をいかに省力化してくれるかを中心に考え、後は目的に合わせて比較をすればよい。

Check! ここがポイント 4-4-2について

- ✓ ドライブレコーダ導入にあたっては、まず導入目的、導入規模、機種選定（必要機能の選択）の3点について検討する

- ✓ 導入目的としては、事故時の映像取得と事故対応への活用のほか、抑止型指導、防止型指導など、どこまで活用するかを明確にする

- ✓ 導入規模（搭載率）は、抑止型をねらうのであれば基本的には全車両搭載（全車監視）が望ましいといえるが、防止型をねらうのであれば、「防止教育の材料探し」として必ずしも全車両搭載は必要ない。事故削減という観点では、必ずしも搭載率だけが決定要素ではない

- ✓ 機種選定は、教育や管理の実施を着実に行えるよう、データ解析やドライバーへのフィードバックの省力化機能を中心に考える。後は目的に合わせて付加機能などを考慮する

4-4-3 ドライブレコーダ活用のポイント

(1) ヒヤリハット教育の実際

　ここでは、単に搭載するだけでなく、実際にドライブレコーダに記録されたヒヤリハット画像を活用して教育を行う場合について考える。

　ドライブレコーダは、センサーにより車体にかかる衝撃をキャッチし、その衝撃が一定レベル以上の場合はその際の映像を残すため、ヒヤリハット画像が記録される場合も多い。ヒヤリハット画像を活用した教育として実際によく行われるものとしては、次の三つを挙げることができる。

　まずは「インパクト教育」である。多くのドライブレコーダは、衝撃の強い順に画像を表示する機能を持っている。導入企業は、この機能を使って衝撃の強い、いわゆる「インパクト画像」を抽出し、社内研修などの教材に使うことが多い。

　次に「ヒヤリハットマップの活用」である。これは、エリアやルートの中でヒヤリハットが集中して発生している場所を地図上で特定するものであり、これも多くのドライブレコーダが自動的に作成する機能を有しており、この情報が社内研修などで活用されている。

　さらには、「ヒヤリハット画像での指導」である。ヒヤリハット画像の多さをドライバー別に集計し、多いドライバーに対して管理者が個別に指導を行うという形でも活用される。また、他のドライバーに安全運転をより強く意識づけする目的でも使用される。

　このようにヒヤリハット教育は、衝撃が強い画像の特定、ヒヤリハット集中場所の特定、ヒヤリハット多発ドライバーの特定などの手法を用いて行われることが多い。

(2) ヒヤリハット画像のタイプとは

　ヒヤリハット画像を活用したドライバー教育を効果的に行うためには、ヒヤリハット画像のタイプを見抜くことが必要である。その分類は大きく三つある。

　まずはドライバー自身の自律的な原因による急操作であり、いわゆる「**運転の荒さ**」がこれに当たる。次に、やむを得ない他律的な原因による「**危険回避**」である。これは、他車（あるいは他者）の急操作等により発生した危険を回避するためにとった車の急操作によるものである。さらには、ドライバー自身が注意を怠った結果、ヒヤリハットになったもので、いわゆる「**不安全行動**」である。ヒヤリハット教育は、このようなタイプ、つまり、「運転の荒さ」「危険回避」「不安全行動」のそれぞれに応じて指導方法が異なる（図 4-21）。

　「運転の荒さ」は管理者による当該ドライバーへの個別指導が必要である。この際、ヒヤリハット画像のみならず、デジタルタコグラフなどの運行データも併用するとよい。

　「危険回避」は、ドライバーに対して過度に注意喚起をすることは望ましくなく、注意喚起の仕

方には注意が必要である。危険回避は基本的に他車（者）に原因があり、しかも、いつ、どこでも起こりうるもので法則性がないものである。したがって、1件ずつ全ての危険を網羅的につぶしていくことは現実的ではないので、個別指導ではなく全体指導などで取り上げることが望ましい。

「不安全行動」は、徹底的になくすことを目指した教育の実施が必要である。ドライバー自身の不安全行動がなければヒヤリハットには至らないのであって、これは企業全体で撲滅していかなければならない。

ドライブレコーダによるヒヤリハット教育は、まずは「不安全行動」撲滅を第一義として、「運転の荒さ」の個別指導を併用していくとよいだろう。

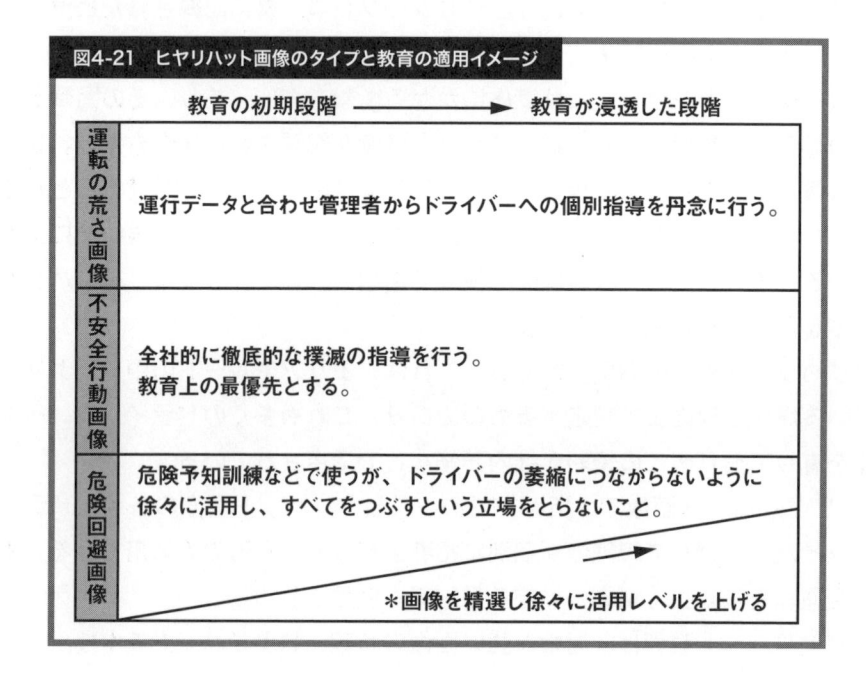

図4-21　ヒヤリハット画像のタイプと教育の適用イメージ

	教育の初期段階　→　教育が浸透した段階
運転の荒さ画像	運行データと合わせ管理者からドライバーへの個別指導を丹念に行う。
不安全行動画像	全社的に徹底的な撲滅の指導を行う。 教育上の最優先とする。
危険回避画像	危険予知訓練などで使うが、ドライバーの萎縮につながらないように徐々に活用し、すべてをつぶすという立場をとらないこと。 ＊画像を精選し徐々に活用レベルを上げる

(3)「運転の荒さ」を指導する

「運転の荒さ」とは急発進、急ブレーキ、急ハンドル、スピード超過、急アクセルなどで、いずれも自律的なもの（自らの運転態度）を指す。しかしながら、ドライブレコーダの画像の中には単なる自律的なものだけではなく、他車（者）が原因で危険回避を行ったものも含まれるため、まず、これらを区別する必要がある。

具体的には、まずドライバーの運転の荒さのレベルを全体的に把握するために、一定以上の衝撃レベルの頻度により、ドライバーの運転の荒さレベルを評価する。この段階では、急操作は自律的なものに絞られていないが、まずはこの評価の悪いドライバーを抽出するとよい。

次に、評価の悪いドライバーの内訳を探る必要がある。大まかに分類すると図4-22のようになるが、①アクセルが荒く、ブレーキは問題ない、②アクセルは問題なく、ブレーキが荒い（特に強いブレーキが目立つ）、③アクセル、ブレーキともに荒い（全ての操作が荒い）、というように分けられる。

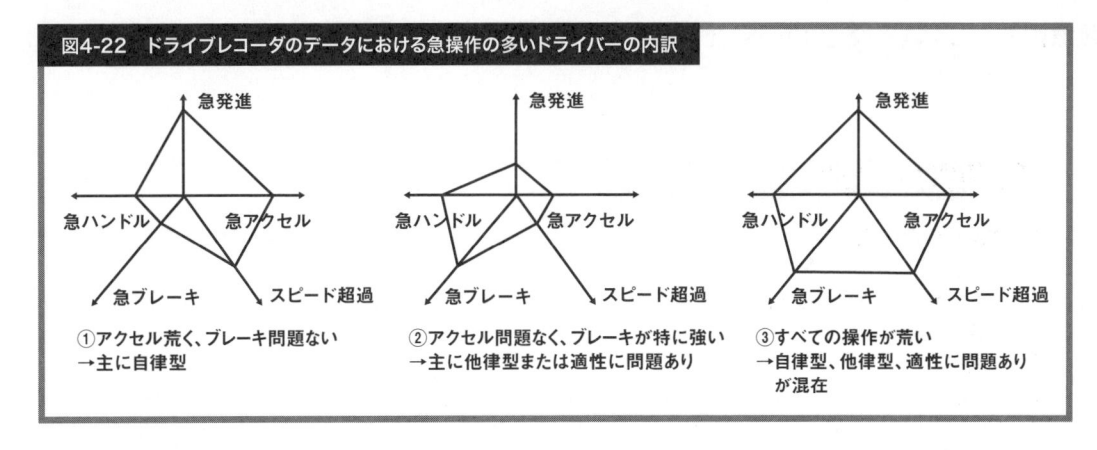

図4-22　ドライブレコーダのデータにおける急操作の多いドライバーの内訳

①アクセル荒く、ブレーキ問題ない
→主に自律型

②アクセル問題なく、ブレーキが特に強い
→主に他律型または適性に問題あり

③すべての操作が荒い
→自律型、他律型、適性に問題ありが混在

　自律型の運転の荒いドライバーは①に多い。②には他車（者）が原因で危険回避する他律型が多く、また、その頻度やブレーキの強度によっては危険認知力など運転適性に問題がある場合もある。②のようなドライバーは荒さの修正ではなく、運転適性などを見る必要性が比較的高いということである。そして、③は自律型、他律型、あるいは運転適性に問題がある場合などが混合していると考えられる。

　このように、運転の荒さの頻度とパターンを見て、ドライバーごとの画像を検索するとよい。自律的な運転の荒さは急アクセルとスピード超過に出やすいので、これらの画像から抽出し、全体データとその証拠画像をもって、必ず個別指導することを心掛けたい。個別指導とする理由は、見せしめ的な指導となることを防ぐということと、他のドライバーが見ても参考にならずむしろ逆効果になってしまうことを防ぐということである。なぜならば、他のドライバーは「自分はこんな運転はしない」という立場をとり、その結果、当事者意識を薄れさせてしまうためである。臨場感を植えつけるためのドライブレコーダも、活用方法によってはかえって逆効果になる場合もあることを付言したい。

(4)「不安全行動」を除去する方法

　ドライブレコーダ画像を活用した教育では、この「不安全行動」の除去を最優先としたい。なぜならば、企業が明確に指導し、ドライバーがその内容を遵守すれば、その不安全行動はほとんど除去できるからだ。このことは運転の荒さも同様に言えるが、運転の荒さは個別性が強いのに対して、不安全行動は全てのドライバーに共通で指導できるという点で、全体指導がしやすく、理解もされやすい。また、事故原因としても多いのが実態である。企業として、事故につながる不安全行動とは何かをドライバーに明示した上で、それをドライブレコーダでモニタリングしていく旨を伝えるとよいだろう（図4-23）。

　具体的には、企業の過去の事故事例から、不安全行動が原因と考えられるものを抽出し、「信号のない交差点では一時停止または徐行すること」「交差点右折時は歩道からの歩行者などに注意すること」などの遵守すべき安全行動を導出するということである。その上で、ドライブレコーダで、この明示した安全行動が遵守されているか否かをモニタリングするのである。インパクトという点では少し物足りないかもしれないが、個別性が強くやむを得ない危険回避行動の画像を使うよりも、

事故原因としてはずっと多い不安全行動をチェックするほうが事故防止の近道といってよいだろう。

図4-23　安全行動に関する社員への示し方の例

【社員への示し方】
＜遵守しなければならない安全行動＞
・信号のない交差点では、他車優先時は完全な一旦停止を行うこと。自車優先時は10km/h以下の徐行運転を行うこと。
＜理由＞
当社では信号のない交差点での出合い頭事故や接触事故が事故全体の20％を占めています。信号のない交差点での事故は、自転車や歩行者を巻き込む人身事故につながる場合が多く、注意が必要です。
＜事故原因＞
信号のない交差点での事故原因は、残念ながら当社社員の停止や徐行が十分ではなかったという場合が大半となっています。
＜対応＞
今後、ドライブレコーダでの画像や実際の事故において、ここに掲げた安全行動が不十分であったことが確認された場合は、特別指導あるいは運転業務の見直しの対象として検討します。

＊このように、社員への示し方は安全行動の内容だけではなく、理由と事故原因、さらに対応までを含めて案内、教育することが重要。あくまで企業としての指導の合理性を常に確保することが継続の秘訣である。

　実際の教育では、多くの画像から、この企業内で遵守すべき安全行動ができていない画像（例えば、信号のない他車優先の交差点で、停止行動を怠りヒヤリハットになったなど）を抽出し、全体での共有を定期的に行い、粘り強く、継続的に指導を行い、安全運転習慣の定着化を目指すことが大切である。

　なお、不安全行動の除去にはドライバー全員の協力が必要であるという姿勢を企業が示すことも重要だ。したがって、特定ドライバーの画像を名指しして全体教育で使用するような行為は、ドライバー全員で協力していくという姿勢を崩しかねないので慎みたい。あくまでも、ドライバー全員の協力で不安全行動ゼロを目指すことを目標としたい。

(5) 危険予知訓練での活用と注意点

　危険予知訓練（KYT：Kiken Yochi Training）とは、交通環境の中でどのような危険が起こりうるかを考え、危険が潜む交通環境別に危険への対応を習得するトレーニングである。ドライブレコーダを活用したヒヤリハット教育では、この危険予知訓練への活用も期待されている。

　ドライブレコーダの画像を使った危険予知訓練では、「運転の荒さ」や「不安全行動」による画像は、危険が明らかなため危険予知訓練にはあまり向かず、「危険回避」の画像を主に使用することになる。「運転の荒さ」や「不安全行動」の画像は、主にドライバー自身に原因があるので安全運転習慣の励行に活用すべきである。「危険回避」の画像を使って、他車（他者）の思わぬ行動の予測や、それに対応した自分の判断・行動のあり方について皆で話し合い、トレーニングすることは一定の効果があると考える。

　他方で、「危険回避」画像の使用に際しては注意が必要である。危険回避の状況は、いつ、どこで、

どのように起こるかの法則性を見出すことは難しい。右左折を伴う交差点などを想定される方も多いと思うが、これらの場所で発生する事故は「不安全行動」が原因であることが多く、「危険回避」としての画像として抽出されることはむしろ少ないといってよい。

　ドライブレコーダで取得できる「危険回避」画像は次のような種類のものが多い。例えば、一般道路で自車が車間距離も十分に取り、スピードも控えめであったのに、急激な他車の進路変更による割り込みがあり、急ブレーキを踏むなどして危険を回避するというようなものである。これを危険予知訓練の材料として使うことは、少なくとも初期のヒヤリハット教育では適切ではないと考える。なぜならば、教育を受けたドライバーの運転の委縮につながる恐れがあるからである。つまり、ドライバー自身が、車間距離も十分で、スピードも控えめで、注意を怠っていないにもかかわらず、このような危険に遭ってしまうというように考えてしまうからである。特に初心ドライバーなどには注意が必要である。教育の初期には、運転の荒さや不安全行動の防止に重点を置くべきである。

Check! 4-4-3について

ここがポイント

- ✓ ドライブレコーダで記録されるヒヤリハット画像を使用した教育は有効である
- ✓ 取得画像を「運転の荒さ」「危険回避」「不安全行動」の各画像に分類する
- ✓ 「不安全行動」撲滅を第一の目標として、「不安全行動」画像を全体指導で使用する。「運転の荒さ」画像は個別指導で、「危険回避」画像は危険予知訓練（KYT）で使用する
- ✓ 全体指導では、不安全行動を示す画像から、遵守すべき具体的な安全行動を導出し、これを継続的に指導することで、安全運転習慣の定着を目指す
- ✓ 個別指導では、自らの意志によって生じる「運転の荒さ」画像を用いて、指導対象者の運転の特徴を踏まえた指導を行う
- ✓ 危険予知訓練（KYT）では、「危険回避」画像を使って、他車（他者）の思わぬ行動の予測や、それに対応するための自分の判断・行動のあり方について皆で話し合う

4-5 事故時の制裁に関する考え方

(1) 事故時の罰金・罰則運用の実態

　事故者に対する罰則制度を導入している企業は少なくない。しかも、その多くは罰金制度である。特に、中小の運送会社で罰金制度を導入しているケースがみられる。例えば、「企業で加入する自動車保険の免責金額に相当する額を罰金としている」というケースである。この場合、もともとの保険料を抑えるために、免責金額を20万円以上と高額に設定して、免責分を事故惹起者に負担させているところもある。また、連帯責任制度と称して、「事故惹起者が所属する営業所全員から、事故が起こる度に一律1万円を徴収する」などの例もある。

　このように、実は様々な罰金制度が考えられている。さらに、このような企業の経営者は、「事故防止は罰金が最も効果的である」と考えていることが多い。

(2) 民法・労働基準法の考え方

　民法第715条では、(事故などにより)損害賠償を負担した使用者(企業側)が被用者(従業員)に対して求償することができるとある。しかしながら、この求償権の行使は限定的な場合に認められるものと考えるべきである。つまり、企業活動により収益を上げる使用者と、賃金のみの収益で指揮命令に従わざるを得ない被用者の立場を鑑み、信義則上妥当と認められる場合に、しかも、その一部のみを求償できることがある、というレベルと考えられる。

　また、労働基準法第16条では、「使用者は、労働契約の不履行について違約金を定め、または損害賠償額を予定する契約をしてはならない」と定められている。つまり、あらかじめ賠償額を定めるのではなく、被用者側の故意、過失の程度に応じて勘案する必要があり、常に損害の一定額を請求するような罰金制度は好ましくない。事故時の賠償額や損害額を罰金化すること、また、一律・定額で決めてしまうことは法的にも問題があると言えよう。

(3) 運用面の注意点－二重制裁化を防ぐ

　事故を起こした場合は、本人に法令上の責任が発生するので、企業側がさらに罰金などの制裁を加えれば二重の制裁となる。罰金制度を導入する企業の経営者の中には、「求償が目的ではない。罰金によって事故を起こしたことを肝に銘じてもらい、他人への迷惑も考えてほしい」と言って、

その教育的効果を期待する人がいる。また、「罰金で回収したものを、無事故ドライバーの報奨金に充てる」などの声はよく聞かれる。

しかし、これは経営者側の考え方の一方的な押し付けに他ならない。この考え方は、事業リスクをドライバーに転嫁し、さらに報奨金などの福利厚生の財源までをもドライバーに委ねていると言ってよい。経営者は、事業に関連するリスクは経営者が負い、事業に必要な教育も責任を持って経営者が行う、という姿勢をドライバーに示す必要がある。このような姿勢を企業が持たない場合、企業への強い帰属意識を持つことをドライバーに期待するのは難しいだろう。さらに、事故に関して言えば、このような企業では次のようなことが起こりやすい。

① 相手がない事故は報告しない
② 当て逃げをしてしまう
③ 少しの傷であれば修理せず放置して知らぬふりを通す

したがって、統計などで見る事故件数などは減少していても、実際には表に出てこないだけで事故は減らないのである。罰金制度だけを先行させる企業は、罰金制度は期待しているほどの教育的効果をドライバーに及ぼさないと考えたほうがよいだろう。むしろ、罰金制度は、法的にも（(2)「民法・労働基準法の考え方」参照）ドライバーの企業に対する帰属意識を損なうという点でも、危険な制度と考えられる。

罰金制度の前に考えるべきことは、まず、事業リスク（ここでは事故リスク）は企業が負っていることをドライバーに対して示すことだ。具体的には締結している任意保険（対人、対物、車両損害、人身損害、搭乗者傷害などの付保額や支払条件など）を示すことが考えられるが、これは意外に行われていない。企業が事業リスクに応じてどこまで保険手配をしているかをドライバーに示すことは、企業とドライバーがリスク感を共有することにもつながる。

次に、第2章や第3章で解説したようなリスクを回避するための事故防止教育を施すことである。事故防止教育につながる施策としては図4-24のような内容がある。この施策に関して、次の三つのポイントがある。

① 事故および事故分析情報の定期的な開示
② ヒヤリハット情報や目安箱などのような経営者とドライバーの双方向のコミュニケーション（この双方向のコミュニケーションを行う際に、罰金制度があると障害になることが多いことを付言しておく）
③ 年間を通じて施策が計画的に設定されていること

これらが実行されることによって、ドライバーは合理的、かつ継続的に企業の安全運転管理に参加できる。そして、きちんとした安全運転教育を受け、事故防止のために必要な知識・能力を習得していくことを通じて、企業への信頼感が生まれるようになる。罰金制度を考える前に、このような教育体系をきちんと整備するほうが、長期的に考えると得策となる。

図4-24　事故防止教育につながる施策の例

【事故防止教育につながる施策】	頻度
① 企業内で起こった事故の翌日に事故情報を共有すること（掲示でも可）	日常
② ヒヤリハット情報またはドライブレコーダのデータを共有すること	日常
③ 企業内の頻出事故パターンを明示すること（事故分析を行うこと）	毎年1回
④ 最寄り警察などの外部講師による安全講習会を行うこと	年2回程度
⑤ 全事故報告の義務化（事故報告書の書き方）と事故時の初期対応をテーマとした研修を行うこと	年1回
⑥ 春、秋の全国交通安全キャンペーンへ参加すること	年2回
⑦ 事故につながる業務、環境などの情報を収集すること（目安箱の設置）	日常
⑧ 新入社員、事故惹起者、シニアドライバー研修を実施すること。および管理者がその後のフォローを行うこと	年1回程度（新入社員・シニアドライバー）必要な都度（事故惹起者）
⑨ 安全ドライバー投票（ドライバー全員が投票する）を行うこと	年1回
⑩ 運転適性診断の実施（全ドライバー1回は必ず受けることとする）をすること	3年に1回程度

　そもそも一定額を定めた罰金制度自体に問題があることはすでに述べたが、一方で、就業規則などで損害賠償について下記のようなことを定める限りは、法的には問題ないと考えられる。

> 第●●条　従業員が故意または重過失によって会社に損害を与えた場合は、その相当分を賠償させることがある

　このように、あらかじめ額を定めず、従業員の故意、重過失のみを求償の対象とすることなどである。しかしながら、この場合も、罰金制度だけを先行させるのではなく、これまで述べた事故防止教育制度の整備を車の両輪として検討・実施するべきである。
　繰り返しになるが、罰金制度だけを先行させないことが重要である。また、企業の事故に対する姿勢を従業員がどのように受け止めるか、ということが最終的には事故がしっかりと防止ができるか否かの分かれ道にもなる。「ともかく罰金ありきだ」「リスクは全てドライバーに負わせている」という不満をドライバーが持てば、大きな副作用が生じかねない。一方で、ドライバーから、「これだけ安全運転教育を真剣に行う企業だから」「会社は保険情報や事故情報もよく開示している」といった評価になれば、罰金制度により牽制（けんせい）することなどそもそも不要になってくると考えられる。

Check! 4-5について
ここがポイント

- ✓ 罰則制度導入に積極的な企業では、経営者が「事故防止は罰金が最も効果的」という考えを持つケースが多い

- ✓ 事故時の賠償額や損害額を罰金化すること、また、一律・定額で決めてしまうことは法的にも問題がある

- ✓ 罰金によって、教育的効果は期待できないばかりか、一方的に事業リスクをドライバーに押し付けているとの受け止め方によって、企業への帰属意識の低下、さらには、事故の未報告や当て逃げなどの副作用が起こりやすくなる

- ✓ 交通事故を事業リスクとしてとらえ、企業がそのリスクを負い、防止のための責任を負っているということを、ドライバーに強く示す

- ✓ 制裁措置を講じる場合は、それらと事故防止教育制度を車の両輪として推し進める

4-6 事故報告書の書き方

4-6-1 事故報告書に対する考え方

(1) 事故報告書の二つの用途

　事故報告書は主に二つの用途がある。一つは、損害保険会社に対する保険金の請求、もう一つは、事故の再発防止のための原因分析である。本来、事故報告書は事故の再発防止のために活用されることが望ましいが、現実的には保険金請求のために使用されるのにとどまることが多い。

　保険金請求用と事故再発防止用では、記載すべき内容が異なる。端的に言えば、保険金を請求する場合は「事故」であることが分かればよく、事故の解決（示談）のために相手方の情報が求められ、報告のスピードも要求される。一方、事故の再発防止に役立てるためには、事故概況のほか、事故原因に関する内容が求められる。このため、報告にスピードが求められると、原因分析の精度が落ちてしまう可能性がある。つまり、二つの相反する要請に同時に対応することは難しいため、報告書作成の提出期間や様式を、二つの用途ごとに別途に考えるべきである。ここでは、保険会社への報告は迅速に行い、再発防止のための原因分析はじっくり時間をかけて行うという前提で考えてみたい。

(2) 企業でよく見かける事故報告書と問題点

　次の例は、多くの企業でよく見かける事故報告書の例である。

【よく見かける事故報告書の例】

・一般的な事故報告書だが、最後に反省を書かせている。
・とにかく記載内容が少ない。事故概況、相手方の連絡先のみ雑に書かれ、しかも分かりにくい。
・原因欄を設けているが記載がない。あるいは、あっても内容が「お詫び」になっている。
・事故惹起者本人ではなく、管理者が代筆している。あるいは、管理者が会社へ事故を報告する仕組みになっており、管理者が報告書を書いている。

以上のような事故報告書には「原因分析」と「再発防止を目的とした管理者との面談」の両方が共通して抜け落ちている。例えば、事故惹起者に反省を書かせている場合でも、管理者との面談が行われた形跡はほとんどないことが多い。また、「お詫び」や「反省」に書かれていることも、判で押したように「会社にご迷惑をおかけして申し訳ありません」といった「平謝り型」か、「注意不足が原因で、以後は気をつけます」という「具体性のない原因型」かに分かれることが多い。これでは、事故原因を分析するまでに至らないだろう。

　このような例は、いずれも事故が多発している企業のものである。事故原因の分析や面談を省いているだけではなく、記載項目や少ない事故報告書を採用している企業や記載内容に乏しい様式の事故報告書を用いている企業は、事故そのものを軽視していると言えよう。また、事故報告書の内容がお詫びや反省などに終始する企業は、それ以後に事故を起こした場合に罰則・罰金などを科していることが多い。事故の原因分析が十分に行われず、それに対応した教育も受けないまま、結果責任的に罰則や罰金を科されるドライバーはたまったものではないだろう。さらに、管理者が代筆するような企業は、事故自体を軽視していなくても、原因分析などを軽視していると考えてよい。

　このように事故報告書を見ると、当該企業の事故への考え方が推し量れる。

(3) 事故報告書の作成と再発防止に関する考え方

　事故対策には、まず企業の交通事故に対する断固とした姿勢を確立する必要がある。経営者自らが安全を最優先した企業経営を宣言し、日々の業務を監督しなければならない。それにもかかわらず起きてしまった事故については、原因分析を徹底的に行い、再発防止対策を周知徹底させることである。事故報告書に記載を求める項目は、経営者の事故再発防止に対する考え方をドライバーに対して端的に示すものととらえるべきだろう。

　事故解決のためには、まず保険会社への迅速な報告が必要である。その後、義務として、処理にある程度の目処がついた段階で再発防止のための事故報告書を作成させる。具体的には、次項で解説する「交通環境再現のための三カ条」を必ず踏まえるものとする。

　次に、事故原因を事故惹起者本人に考えてもらうようにする。事故惹起者が事故概況を客観的に再点検し、事故原因を把握した上で管理者との面談を行う。そして最後に、事故惹起者と管理者が共有した再発防止策および安全運転目標などを記録に残しておくことである。事故原因の分析の際のポイントや事故報告書の様式、面談の方法に関する詳細については後述する。

　いずれにしても、事故原因追究・分析は、あくまでも事故の真因を探るという立場を取りたい。例えば、繁忙期での長時間勤務が原因に考えられるなら、きちんと原因と向き合って組織全体でその対策を考えるべきである。事故惹起者に起因する原因ばかりを重要視してはならない。

　このように、企業が真に事故再発防止に取り組む姿勢が重要であり、こうして企業の考え方をド

ライバーに浸透させ、合理的な事故処理を徹底させることが事故の再発防止につながる。企業にとって不都合なことを隠さず、事故を二度と起こすまいという真摯な姿勢をドライバーに示すことこそ、ドライバー一人一人のモラル向上につながり、無事故という目的への近道のはずである。

4-6-2 再発防止のための事故報告書の様式例と記入のポイント

再発防止のための事故報告書の様式の一例として、図4-25を示す。再発防止に役立つ事故報告書の作成のためのポイントは、
① 事故を正確に振り返る
② 広く原因を検索する
③ 再発防止策を管理者と本人が共有する
という三段階が想定されているかどうかである。
以下で①を「想起」、②を「原因分析」、③を「再発防止策」として、ポイントを述べる。

(1) 第一段階：想起

事故再発防止の原因分析に用いる事故報告書には多くの情報が必要になる。この報告書の作成に際しては、事故惹起者による事故時の交通環境の丁寧な「想起」が必要不可欠である。想起とは、事故時の状況を正確に再現することを意味している。事実関係の客観的な把握が事故防止対策を考える上で重要であるが、事故直後などは事故惹起者も冷静さを欠き、客観的になれない場合がある。このため、次のような「交通環境再現のための三カ条」を踏まえ、事実関係を把握することを推奨したい。

交通環境再現のための三カ条
①事故現場へ行く ②事故現場から半径約50mを全て図示する。交通標識、道路情報（車線数、道路幅など）、事故時の状況を正確に再現する。 ③図示に際しては定規を使う。

この三カ条を実行することにより、事故惹起者が事故状況を正確に想起することが期待できる。この想起という行為が、事故惹起者自身を自らに対して客観的にさせ、真摯に事故再発防止を考えていく上での準備となる。

図4-25　事故報告書の例

交通事故報告書

○年9月18日　18：30頃　　　　○○○○部〔課〕　報告者：○○

第一段階　「想起」

○○区△△町20番地3号
＊見通しの悪い信号のない交差点上

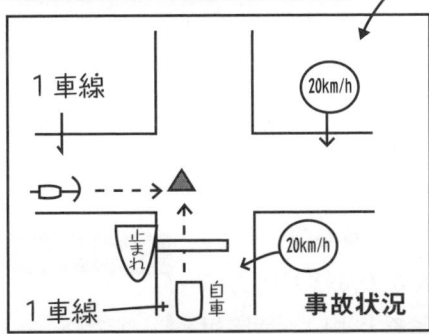

①自車	制限速度20km/h程度で交差点に差し掛かるところでした。一時停止はせず、減速のみでした。
②他車・他者	交差点の左方から自転車がかなりのスピードで走ってきました。自転車はライトをつけて走っていました。
③事故状況	交差点上で出合い頭事故になりました。自車は左前方の物損。相手は自転車の破損及び右足を負傷しました。

第二段階　「原因分析」

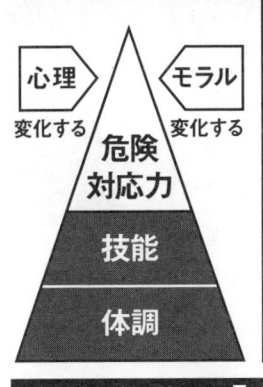

危険対応力（心理・モラル　変化する／技能／体調）

		評価
①体調	特に問題ありませんでした。長時間運行や疲労の蓄積なども認められませんでした。	①
②技能	特に技能に関する原因は本件にありませんでした。	①
③心理	早く事務所に戻り事務作業をしたかったので少し急いでいました。	③
④モラル	この場所はいつも完全な一時停止をせず、減速レベルで通過していました。モラルは欠けていました。	⑤
⑤危険対応力	いつも通る道で油断をしました。減速で十分に危険回避できると思いました。	⑤

第三段階　「再発防止策」

本人の考え	慣れた道での油断、少しの急ぎ運転が加わり事故につながりました。交差点での完全停止と、急ぎの心理の抑制を心がけます。
管理者の考え	本人内容に加え、信号のない見通しの悪い交差点では、自車が優先でも徐行する癖をつけよう。
合意事項	信号のない、見通しの悪い交差点での運転目標 ・自車が優先：必ず徐行する。 ・相手が優先：完全停止をする。

※第二段階の「原因分析」の欄内右側の丸数字は五段階の自己評価点数
※報告書に基づき管理者と本人との面談で原因分析や再発防止について掘り下げて検討していく

まず、冷静さを取り戻した後に事故現場にあらためて足を運び、交通環境再現のために事故現場の周辺環境を確認し、事故発生場所から半径約50m以内を全て図示する。些細なことと思われかもしれないが、図示の際は定規を使うようにすることで、丁寧かつ正確な記載を促すことができる。

そして、事故が発生した箇所の直前50mから事故発生までの状況を自車、他車（他者）に分けて、1行程度で、さらに、事故としての形態や状況を、やはり1行程度で記載する。この際、実際は事故概要を自車、他車（他者）、事故形態・状況を一つの欄にまとめて記載することが多いが、そうすると、自車あるいは他車などの動きに偏ることがあり、客観性を欠くことがあるので分けて記載することとする。

(2) 第二段階：原因分析

事故の原因分析のためには、その方法を社内で共有する必要がある。

事故原因の分析に際しては、事故惹起者の事故時の危険対応力について、まず「体調」「技能」をベースとして考えるとよい。危険対応力は注意力と言い換えてもよいものだ。さらに、その危険対応力は、その時の心理状況やモラルにより変化するものであることも忘れてはならない。同様に、体調、技能といったベースとなる要素もその時々で変化が生じるため、危険対応力に影響すると考えられる。この事故原因のとらえ方を常に意識のベースに置き（図4-26）、様式例の五項目（体調、技能、心理、モラル、危険対応力）のそれぞれについて事故時の状況を五段階に分けて自己評価し、その根拠を一行程度で説明する。

図4-26　原因分析時のとらえ方

(3) 第三段階：再発防止策

事故の再発防止策については、まず、本人（事故惹起者）に対して、第二段階までで得られた情報をもとに自分の考えをまとめておくよう、事前に通知しておく。そして、面談時には、本人の考えを聞き、内容の評価（考え方や気づきの良かったところ・足りないところをフィードバック）するとともに、最終的な再発防止策をすり合わせ、共有化したものを面談の結論として最後に記載する。

Check! 4-6について

ここがポイント

- ✓ 事故報告書は、保険金請求と事故再発防止の両面で必要だが、報告までのスピードや原因分析の詳細度など求められるレベルが異なるので、別に考える

- ✓ 事故報告は、原因分析と再発防止を目指し、①想起、②原因分析、③再発防止策、の考え方に基づいた様式や流れを踏んで行う

- ✓ 想起では、事故惹起者が冷静さを取り戻した後に事故現場に足を運び、事故現場や周辺環境を確認し、自車や他車(者)などの状況を客観的に把握する

- ✓ 原因分析では、「危険対応力」について、「体調」「技能」をベースに、「心理」や「モラル」というその時々の変化を勘案して本人に自己評価させる

- ✓ 再発防止策では、管理者が面談し、本人の自己評価について、良かったところや足りないところをフィードバックし、再発防止策をすり合わせ、共有化する

4-7 事故惹起者・多発者への面談法

(1) 事故惹起者・多発者との面談の目的

　事故再発防止のため、事故惹起者・事故多発者と管理者との面談は必要不可欠である。面談の目的は、事故当事者と管理者の間で事故原因や事故当事者の弱点などの認識を共有し、二度と同じような事故を起こさないための具体的な再発防止策についてドライバーと合意するとともに、ドライバーにその実行を約束してもらい、かつ、それを実行してもらうようにすること（行動変容を図ること）である。ドライバーに非を認めさせ、謝罪させることや叱責・制裁を行うことが目的ではないことに十分に留意する必要がある。

(2) 事故惹起者・多発者との面談の方法

　面談方法には多くの技術論があるが、ここではベースとなる考え方として、前項の事故報告書を使用して実施する面談のポイントを段階ごとに述べたい。

【第一段階】想起が十分に行われているか？
　想起の記載事項に漏れはないかを確認する。漏れが生じている場合は面談を中止し、情報の取り直しをさせなければならない。

【第二段階】原因分析では、その原因項目一つ一つについて広い視野で考察されているか？
　例えば、心理状況の項目で「客先へ行くことだけを考え、急いでいた」などとさらっと書かれているような場合は、当時の状況について幅広く考えた結果であるかどうかの再チェックが必要である。
　なお、事故多発者については、事故の多発要因が、運転モラルの不足によるものなのか、運転技能の不足によるものなのか、また、同種の事故または同種の事故原因に類する事故が多発していないかなどを分析する必要がある（当然ながら、その結果によって、コミュニケーションの内容や方法も変わってくることになる）。

【第三段階】面談の目的は、謝罪や叱責・制裁ではなく、具体的な再発防止策を実行する約束を取り交わすことになっているか？
　(1)で述べたように、面談の目的は、二度と同じような事故を起こさないための具体的な再発防止策についてドライバーと合意し、その実行を約束してもらい、かつ、それを実行してもらうこ

と（行動変容を図ること）である。したがって、事故状況や事故原因に対応した今後の運転目標などの具体的な再発防止策をドライバーと合意できれば概ね成功と言ってもよい。逆に、ドライバーの態度や反論に腹を立て、管理者が興奮し声を荒げたり、叱責や恫喝をしたりするようでは話にならない。管理者は、管理のプロとして、冷静沈着にドライバーの行動変容を実現するためのコミュニケーションを行う必要がある。

この際のポイントとしては、「基準とのギャップを客観化すること」と「見てあげること」の二つが挙げられる。

まず、「基準とのギャップを客観化すること」とは、「会社としての運転に関する具体的な基準（例えば、「ドライビングルール」や「社有車管理基準」など）を示すとともに、ドライバーが当該基準の内容を理解しているか否かを確認すること」である。このためには、あらかじめ会社としての具体的な基準を定め、ドライバーに周知徹底・浸透を図っておく必要がある。この基準に基づき面談することで、例えば「それはダメだよ！」「何だそれは！」といったような、事後になって抽象的・主観的に行動の非を指摘する場合とは異なり、基準の遵守状況を具体的・客観的に評価できる。このことによって、ドライバーに対して公正さを確保し（会社に対する帰属意識を大きく損なうことなく）、自分の行動と基準とのギャップを認識しやすくなり、より深い反省を促すことができる。さらに、再発防止に向けてとるべきアクションも明確になる。

次の「見てあげること」とは、このようにして管理者とドライバーの間に形成された再発防止策に関するコンセンサスに基づき、「管理者が面談後もドライバーの取り組み状況を添乗チェックやドライブレコーダ画像のチェック（これらが困難な場合は、ドライバー本人から報告を聴取）などでフォローし、実際に見た結果を次のコミュニケーション機会を設定してドライバーにフィードバックしていくこと」である。また、管理者が自社の駐車場・構内で、ドライバーの出発・帰社時に運転態度を見るということもよい。つまり、ドライバー側の「見られる・見てもらっている」という意識が「やらなくてはいけない」という自覚につながり、ドライバーの再発防止策の実践度を高め行動変容につながることになる。また、このフィードバックは、面談を一度行うだけの場合よりも、コミュニケーション量を増やすねらいもある。一度だけの面談で完結するなどコミュニケーションが少ないと、特に、「この間の事故は運が悪かった。とりあえずこの場で謝って怒られておけばそれで終わりだ」というような態度・感覚の反省が薄いドライバーの行動を変化させることは難しい。

以上のように、管理者による面談とその後のフォローを適切に行うことで、ドライバーの再発防止策の実践度を高める。このような継続は、安全行動を習慣化する観点からも、大変重要である。

なお、事故多発者については、安全行動の習慣化が特に必要なことから、基準とのギャップを徹底的に理解させるとともに、「見てあげる」機会をしっかりと確保し、根気強く継続的に教育・指導をしていく必要がある。

Check! ここがポイント　4-7について

- ✓ 事故惹起者・多発者との面談の目的は、適切な「想起」や「原因分析」に基づいて、事故原因や本人の弱点について、管理者と本人との間で認識を共有し、具体的な「再発防止策」とその実践について合意することである

- ✓ 面談のポイントとしては、「基準とのギャップを客観化すること」と「見てあげること」の二つが挙げられる

- ✓ 「基準とのギャップを客観化すること」とは、本人の行動と社内基準とのギャップを認識させ、より深い反省を促すことである

- ✓ 「見てあげること」とは、本人の再発防止の取り組み状況を日常的にフォローし、その結果をフィードバックし、取り組みの継続を図ることにより、習慣化につなげることである

おわりに

　「今月は繁忙期なので安全運転教育はできない」「ちょうど、本業が閑散期なので交通安全キャンペーンをやる」——このような企業が少なくない。繁忙期に多くの事故が発生している企業が少なくないのに、である。言うまでもなく交通安全は時期に関係なく日常的に必要なことである。このことは多くの企業で理解されている半面、実践されていないことでもある。

　安全運転教育が日常の中で実践されないことは企業により理由が異なるだろう。しかしながら、共通していることは、「何を教育したらよいかが分からない」「どう教育したら実践してもらえるかが分からない」ということである。つまり、例えば「速度と車間距離以外に教育内容が思いつかない」、「いくら教育しても、結局本人の意識次第ではないか」——このように考えられてしまうのである。

　本書は、時期を選ばず、企業の交通リスクの実態を反映した具体的な内容（安全運転習慣）で教育を行えるようにすることを第一義に考え編纂した。本書の活用により、まずは日常的に具体的な安全運転教育を行う準備をしてもらいたい。そして、ぜひ、教育の第一歩を踏み出してほしい。安全運転管理は、今や「ドライバー次第」という考え方では許されず、企業の社会的責任のもとで、使命として実践をしなければならないものである。企業の具体的交通リスクに基づき、日常的に安全運転教育を企業内で実践し、継続していれば、多くの事故を防止することができるのは、筆者の経験則からも間違いのないことである。企業の使命を果たすものとして、本書がその一助になれば幸いである。

　最後に、本書の作成にあたっては、東京海上日動リスクコンサルティング（株）の谷口礼史、本多尚登、渡部真吾、粂田佳奈、川口貴久による多大なるサポートがあった。また、中央労働災害防止協会の森田晃生氏、関口敬氏には内容の編集はもちろん、その企画段階から協力いただいた。この場を借りて謝辞を述べたい。

平成 25 年 4 月

北村　憲康

企業担当者実践マニュアル　交通事故リスク対応型管理

平成25年4月30日　第1版第1刷発行
平成26年4月10日　　　　第2刷発行

　著　者　北村憲康
　発行者　阿部研二
　発行所　中央労働災害防止協会
　　　　　東京都港区芝5丁目35番1号
　　　　　〒108－0014
　　　　　電話　販売　03（3452）6401
　　　　　　　　編集　03（3452）6209

　イラスト　田中　斉
　デザイン　ア・ロゥ デザイン
　印刷・製本　文唱堂印刷（株）

落丁・乱丁本はお取替えいたします。　©TRC 2013
ISBN978-4-8059-1506-6　C3060
中災防ホームページ　http://www.jisha.or.jp

本書の内容は著作権法によって保護されています。本書の全部または一部を複写（コピー）、複製、転載すること（電子媒体への加工を含む）を禁じます。

中災防の交通関連図書

ドライバー実践マニュアル
事故をなくす気づきと習慣

中央労働災害防止協会 編
北村憲康 監修
B5判　36ページ2色刷
定価（本体520円＋税）

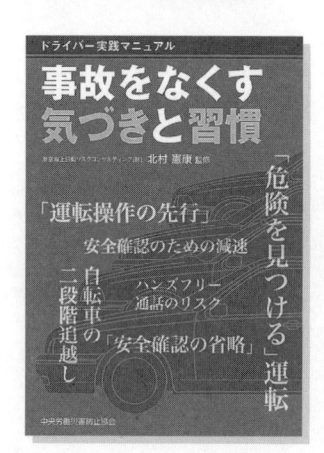

No. 25264
ISBN978-4-8059-1507-3 C3060

本書（企業担当者実践マニュアル）著者の監修により、ドライバーが自ら安全運転習慣を身につけるためのポイントをまとめたテキスト。駐車場・構内でのバック事故、交差点での事故など、頻出する事故パターンごとに、安全運転習慣の実践のための勘所をイラストとともに分かりやすく解説。
ルートセールスの営業社員やマイカー通勤者にも好適の一冊。

安全衛生図書のお申込み・お問合せは

中央労働災害防止協会　出版事業部
〒108-0014 東京都港区芝5丁目35-1
TEL 03-3452-6401
FAX 03-3452-2480（共に受注専用）
中災防HP　http://www.jisha.or.jp/